博雅

大学堂顶尖学者丛书

[英] 昆廷·斯金纳 著
李强 张新刚 主编

State and Liberty:
Quentin Skinner's Lectures in China
Quentin Skinner

国家与自由：
斯金纳访华讲演录

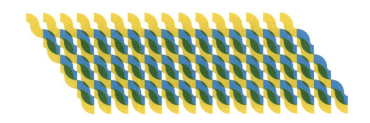

北京大学出版社
PEKING UNIVERSITY PRESS

图书在版编目(CIP)数据

国家与自由：斯金纳访华讲演录 /（英）昆廷·斯金纳著；李强，张新刚主编. —北京：北京大学出版社，2018.9
（大学堂顶尖学者丛书）
ISBN 978-7-301-29766-7

Ⅰ.①国… Ⅱ.①昆… ②李… ③张… Ⅲ.①社会科学 – 文集 Ⅳ.① C53

中国版本图书馆 CIP 数据核字（2018）第 178054 号

书　　　名	国家与自由：斯金纳访华讲演录 GUOJIA YU ZIYOU: SIJINNA FANGHUA JIANGYANLU
著作责任者	〔英〕昆廷·斯金纳 著　李 强　张新刚 主编
责任编辑	李学宜
标准书号	ISBN 978-7-301-29766-7
出版发行	北京大学出版社
地　　　址	北京市海淀区成府路 205 号　100871
网　　　址	http://www.pup.cn　　新浪微博：@ 北京大学出版社
电子信箱	sofabook@163.com
电　　　话	邮购部 010-62752015　发行部 010-62750672　编辑部 010-62752025
印　刷　者	北京中科印刷有限公司
经　销　者	新华书店
	880 毫米×1230 毫米　A5　9 印张　167 千字 2018 年 9 月第 1 版　2018 年 9 月第 1 次印刷
定　　　价	55.00 元

未经许可，不得以任何方式复制或抄袭本书之部分或全部内容。
版权所有，侵权必究
举报电话：010-62752024　电子信箱：fd@pup.pku.edu.cn
图书如有印装质量问题，请与出版部联系，电话：010-62756370

"大学堂顶尖学者丛书"总序

"大学者,囊括大典,网罗众家之学府也。"北京大学素有广延名师、博采众长的优良传统,其中不乏具有国际一流水准的学术大师。在北大发展的不同历史阶段,许多卓有影响的学术和思想名家,包括杜威、罗素、杜里舒、泰戈尔、詹明信、德里达等,借助北大的讲台传递他们的思想,也获益于与北大学人的对话,留下许多中外学术交流的佳话。

知识改变世界,人才创造未来。进入新世纪以来,学术研究的国际化趋势日益明显,交流变得空前活跃。伴随北大建设世界一流大学步伐的加快,北大师生与世界前沿学术展开对话的愿望日益迫切。

正是在这一背景下,北京大学充分利用自身的学术影响和资源,积极搭建国际化的学术平台,举办各种类型的讲座或论坛,建设国际学术交流的重要基地,使人才的引进与汇聚,成为北京大学创建世界一流大学的助推器。而设立于2012年的"大学堂"顶尖学者讲学计划(Peking University Global Fellowship,以下简称"大学堂"计划),就居于北大多层次引智体系的顶端。北大设立这一项目的初衷,旨在吸引和汇聚一批世界顶尖学者,提升北大引进国外智力的层次,从根本上增强北大创建世界一流大学的综合竞争力。项目发展至今,已经邀请到超过40位成就卓著、具有世界声誉的杰出学者，为他们提供在北京大学发表其前沿学术成果并与北大师生深度交流的机会。应"大学堂"计划之邀来访的学者中，既有自然科学领域的诺贝尔奖、菲尔兹奖、图灵奖获得者，也有人文科学、社会科学领域的重要思想家和代表性学者，体现了北大一如既往地兼容并包的精神，也反映了北大在全球人才竞争中的地位与水平。他们的到访，所带来的不仅是知识的教导，更有教学方式和教育理念的更新，为整体教学氛围注入新元素与新活力，开阔了学生的国际视野，促进了学校教学和科研水平的提高。

当今世界，人才全球化趋势不可逆转，国际高等教育对于高水平人才的竞争空前激烈。在此意义上，"大学堂"计划汇聚全球的学术名家与大师于北大，对于加快推进北大的世界一流大学和一流学科建设，具有重要意义。北京大学将继续推动"大学堂"计划的深入发展，努力营造人才辈出、人才集聚、人尽其才的良好环境。

现在，经由北大国际合作部与北大出版社的策划与推动，学者们的讲学成果将在"大学堂顶尖学者丛书"的框架下，陆续整理、结集出版。放眼世界，高端讲座项目与优质出版资源的携手，使学者的思想得以行之久远，惠及大众，这是一流大学之通例。值此北京大学即将迎来建校120周年校庆之际，我们推出这样一套丛书，希望能够记录下北大迈向世界一流学府过程中的坚实脚印，也留下一批经典作品，树立起一流学术的标杆。

北京大学党委书记　郝　平
北京大学校长　林建华

昆廷·斯金纳(Quentin Skinner)

目　录

导言　历史语境主义的生动阐释（李强）／i

第一部分：讲演

谈文本的解释 / 003

马基雅维利：统治者与国家 / 023

霍布斯：图绘国家 / 061

霍布斯及其批评者：自由与国家 / 112

第二部分：访谈

剑桥学派与思想史研究
　　——昆廷·斯金纳访谈 / 155

第三部分：座谈

政治思想史：主题与方法
　　——昆廷·斯金纳与青年学者座谈实录 / 193

政治思想史：研究与门径
　　——昆廷·斯金纳与学生座谈会实录 / 223

斯金纳主要著作 / 259

出版后记 / 261

导言　历史语境主义的生动阐释

李　强

应北京大学"大学堂"顶尖学者讲学计划的邀请，剑桥学派代表人物昆廷·斯金纳（Quentin Skinner）教授于2017年4月2日至15日到访北京大学。在访问期间，斯金纳教授做了四次讲演，题目分别是"谈文本的解释"（On the interpretation of texts）、"马基雅维利：统治者与国家"（Machiavelli: the ruler and the state）、"霍布斯：图绘国家"（Hobbes: picturing the state）、"霍布斯及其批评者：自由与国家"（Hobbes and his critics: freedom and the state）。除讲演外，斯金纳教授还与青年学者和思想史方向的研究生进行了两次座谈，主题分别是"政治思想史：主题与方法""政治思想史：研究与门径"。此外，斯金纳教授还接受了张新刚博士和王涛博士的专访。专访的内容涵盖了与斯金纳本人以及剑桥学派相关的几乎所有重要问题，对于我们理解斯金纳的著作以及剑桥学派的思路，是一篇不可多得的资料。这些讲演、座谈与访谈经张新刚博士和几位研究生整理、翻译为中文,在此结集出版,以飨读者。

对于斯金纳教授的学术贡献,国内学界并不陌生。他是享誉世界的思想史家、历史学家、剑桥学派三大师之一。他在思想史方法论研究、欧洲近代思想研究,尤其是马基雅维利和霍布斯研究等方面都有卓越的贡献。由他所倡导的"历史语境主义"业已成为近几十年来思想史研究中最具影响力的研究方法之一。斯金纳教授的主要著作如《现代政治思想的基础》《马基雅维利》《国家与公民》《霍布斯与共和主义自由》《政治的视野》以及主编的多部文集已经被译为中文,在国内学术界有广泛影响。

此次斯金纳在北大的讲演及座谈展示了他几十年来西方政治思想史研究的主要成果和最新思考。这些讲演及座谈生动地阐释了历史语境主义方法论,并以历史语境主义为基础分析了他一直关注的两个重要观念:其一是国家,其二是自由。

关于历史语境主义方法论,学术界介绍颇多。斯金纳教授对传统的观念史研究提出系统性批判,并将语言哲学中的"语言—行动"理论引入历史学研究,形成了"语境主义"研究方法。这一方法克服了传统思想史研究中的"文本中心主义"弊病,通过对历史语境的精细梳理揭示思想家的意图,真正实现了思想史研究的历史性,极大地推进了思想史研究方法的更新。

不过,身临其境聆听他的讲演,又有一番不同于读书的味道。笔者 2012 年参加在日本千叶举行的"剑桥学派时刻"会议时曾领略过剑桥学派学者生动展示语境主义的风范。当时,剑桥大学学者 Raymond Guess 曾用一个例子解释剑桥学派的语境主义方法:英国驻美国大使在回忆录中记载,英国首相布莱尔访问美国之前,英国和美国的一批政府官员曾多次讨论与访问相关的事宜。一天,美国国防部副部长沃尔福威茨向英国的官员们提及当时正在讨论中的建立欧盟军队问题。沃尔福威茨表示,"UK must be careful"。Guess 分析道,如果不考虑语境,"UK must be careful"可能表达不同的意图,可以是善意的建议或诚恳的提醒。但是,如果将这句话置于适当的语境中,考虑到沃尔福威茨作为美国著名新保守主义鹰派人物对欧盟军队的强硬反对态度,那么他说的"UK must be careful"就不是一种建议,而应该被理解为一种对英国的威胁:英国必须远离欧盟军,否则后果相当严重。

不错,"意图"对于理解文本固然十分重要,诚如斯金纳所言,"找回意图是最重要的诠释任务",但如何准确地理解文本作者的"意图",并非易事。剑桥学派方法最引人入胜之处也许是通过"语境"理解意图。斯金纳在访谈中解释了这种语境分析的具体方法。他认为,将文本置于语境中理解,有互相关联的三个步骤:第一,我们首先应当确定,文本所关注的政治与社会问题是什么。特定社会的政治生活本身为政治思想家设定了问题,使得某些议题成为需要关注的问题,成为主要的辩论课题。第二,文本作者在展开论证时诉诸的思想资源是什么。第三,文本在某种辩论光谱中所占据的位置，即文本对那个时代的政治做出了何种介入（intervention）。

斯金纳作为一位十分优秀的老师，能够将极为复杂的方法论问题深入浅出地娓娓道来，让听众立即理解他的意涵。在这几次讲演中，他举出的两个例子生动地展示了这种语境主义分析方法。

在他的讲演第一讲，谈到方法论时。他举出马基雅维利《君主论》中著名的狮子与狐狸的比喻为例：

> 让我们以马基雅维利的政治理论为例。在他最著名的作品《君主论》的第十八章，马基雅维利告诉我们，如果你想要保持权力，并且实现伟大的政治目标，你就应当效法狮子与狐狸。根据传统的解释方法，这段话就是马基雅维利所表达的信念，因此我们要做的就是解释这个隐喻，即政治事业的成功依赖于暴力与欺诈。

对于斯金纳而言，这种从字面意义理解文本的方法并不够。正确的方法是将文本置于特定的语境中。根据斯金纳的分析，马基雅维利的《君主论》属于文艺复兴时期广泛流行的一种文体，即君主宝鉴（book of advice to princes）。而在这一领域，文艺复兴时期的作家们广泛地受到古典作品的影响，尤其是西塞罗的影响。西塞罗在《论责任》中告诉我们，要保持政治权力，就需要拥有 virtus，西塞罗笔下的 virtus 包括勇敢、明智以及正义。西塞罗在《论责任》中分析了两种不正义的行为，其一是暴力，其二是欺诈，两者都不值得人去效仿，因为第一种属于狮子，第二种属于狐狸。[1] 借助这样的语境分析，就可以看到，马基雅维利并不仅仅是在陈述自己的信念，他同时也在**引用**西塞罗，**质疑与讽刺**传统的主张，**反驳**人文主义政治理论的标准观点，从而提出对政治德性的新的解释。

这里的关键点在于，马基雅维利的文本不只是在陈述自己的信念，同时是在介入当时的政治辩论。根据斯金纳的观点，在解释文本时，最富有成果的方法不是专注于作者确认了什么信念，而是把作者看作是在介入不断进行的社会辩论之中。"所有的哲学文本，不管它们有多么抽象，都是一种论战性的介入，都是在参与当时存在的辩论。因此在哲学与意识形态之间并没有一种绝对的分别。其次，如果所有哲学文本都是一种朝向公共领域的社会行动，那么我们最终得到的不是某个个别作家的文本，而是话语（discourse），要理解其中一个文本就必须同时理解其他所有文本。"

斯金纳的语境主义阐释方式不仅适用于通常意义上的哲学文本，而且也适用于宽泛意义上的文本，如绘画。斯金纳第三场讲演"图绘国家"通过分析霍布斯《论公民》和《利维坦》两部著

---

[1] 西塞罗：《论责任》，见《西塞罗三论》，商务印书馆1998年版，第109—110页。

作中的卷首图,形象地展示了霍布斯的国家观念。

根据斯金纳的解释,西方传统在论辩中有运用修辞方法的习惯。不过,到了文艺复兴时期,随着印刷术的兴起,一种新的方法,即绘画变成"一种极为有力而令人印象深刻的呈现观念的形式"。

以这种语境为背景,斯金纳颇为细致地分析了霍布斯于1642年发表的拉丁文版《论公民》以及1651年英文版《利维坦》的卷首图。他强调,两部作品都有意义丰富且精妙绝伦的卷首图。这些图"最好地展现了两本著作复杂的政治观点"。

斯金纳分析的重点是《利维坦》卷首图所表达的政治哲学含义。为了达到这一目的,他仔细地比较了《利维坦》和《论公民》两幅卷首图的布局安排与构成要素。尤为重要的是,他对那些可能影响了《论公民》与《利维坦》卷首图的绘画作品做了分析,诸如丢勒(Dürer)、克拉纳赫(Cranach the Elder)与布鲁盖尔(Breugel the Elder)所绘的末日审判图,文艺复兴时期博洛尼亚人阿基勒·波齐(Achille Bocci)于1574年创作的寓意画书《符号议题》(*Symbolic Questions*),切萨雷·瑞巴(Cesare Ripa)1611年的作品《图像学》(*Iconologia*)以及流行于16世纪末17世纪初的人形地图(anthropomorphic map)等。所有这些绘画构成斯金纳所谓的"思想资源"。通过对这些思想资源的分析,斯金纳得以令人信服地展示霍布斯《利维坦》及《论公民》卷首图中诸多要素的含义。这些分析构成对霍布斯卷首图所贡献的"介入"部分的解读。

通过如此细腻的分析,斯金纳从《利维坦》卷首图挖掘出霍布斯政治哲学所传递的核心要素;这些要素包括关于自然状态是战争状态的描述、关于社会契约的制定以及主权者人格的形成,当然,也包括利维坦作为活着的上帝的想象。斯金纳用这样的描述来解读作为《利维坦》卷首图核心的一个三角图所展示的国家想象:

> 霍布斯展现的利维坦手中所执的利剑与牧杖形成了对角的强烈视觉标志(图18)。如果我们沿着这个假设继续向前,把对角延长,我们就能画出一个三角形,包围了巨人和整个插图。……但霍布斯那个萦绕在图画中的三角形要传达出什么样的国家观念呢?首先,非常重要的是,我们应该将国家视为上帝。国家只是霍布斯所言的由人组成的"有朽的上帝",但尽管如此,他在第十七章中说道,这是一个处于不朽的上帝之下的有朽者,我们的和平与安全都归功于它。第二,霍布斯确证道,与不朽的上帝一样,国家这个有朽的上帝是由三个位格组成的统一体。一个是国家首领/主权者的人格,无论男女——在图画中呈现为男性;一个是杂众的人格,杂众经由他们同意被代表的行动转换为一个单一人格,

他们授权主权者以他们的名义言说与行动；一个是圣灵一般的人格。如霍布斯所说，这个人格是由杂众对主权者的服从行动创造的，是一个由主权者代表的人格，也就是国家的拟制人格。最后，也最重要的是，表明国家是上帝，是为了传达给我们对待国家应有的态度，按霍布斯的话说，应该心存敬畏。这种态度也恰恰在画中的人格看待政治体的方式中展现出来。

斯金纳教授以如此细腻的方式展示剑桥学派的历史语境主义方法，确实令人感佩。治思想史能够达到如此境地，何愁不理解文本的"意图"！

在介绍了语境主义方法论的基础上，斯金纳在几次讲演中以马基雅维利、霍布斯为例，阐释了在剑桥学派中至关重要的两个观念：国家的观念与自由的观念。

关于国家问题，斯金纳在讲演和座谈中多次抱怨近代以来的政治理论忽略了国家问题的重要性。他甚至将这一点视作当代政治理论危机的基本特征。

斯金纳对国家问题有颇为独特的理解。如果把他在这次讲演中的观点和此前著述与演讲中的观点结合起来，可以大致勾勒出斯金纳的国家观念。斯金纳拒绝接受韦伯式的将国家视作一种独特机构（institution）的观点。他强调，国家不同于政府。他以谱系学的方法勾勒出近代以来出现的三种国家观念。其一是绝对主义的国家观（absolute theory of state），体现在布丹的著作中。其二是，民权主义的国家观（populist theory of state）。这两种国家观的共同特征是未能区分主权者和国家人格。第三种国家观是以霍布斯为代表的国家观。霍布斯的伟大贡献是提出了授权与"代表"的概念，人民通过订立社会契约，创造出两个原本在自然状态下不存在的人格：一是作为人民之代表的虚拟人格，即主权者；二是主权者的虚拟人格所代表的国家人格。

斯金纳曾在其他场合讲过，绝对主义与民权主义的国家观在今天只剩下历史价值，而霍布斯的虚拟国家观则仍然有重要的现实意义。一方面，虚拟国家观赋予国家极为重要的价值，认定国家乃是一个拥有人造永恒生命的人格；另一方面，虚拟国家观强调国家和主权行使者的区分，强调主权者地位不论如何崇高，终究不过是一授权代表而已，其行为只有在为国家人格的利益服务时才具有正当性。这种既强调国家重要性又坚持主权者权力代表性的观点体现了现代政治的本质特征。

与国家相关的另一个概念是自由。在北大的讲演中，特别是在"霍布斯及其批评者：自由与国家"讲演中，斯金纳运用尼采的谱系学方法，勾勒出英语传统中自由概念的不同类型。霍布斯的自由概念构成近代以来自由主义自由观的基础，也就是以赛亚·伯林所强调的消极自由。根据霍布斯的概念，个人在国家中欲享有公民自由,必须有力量去行动,以追求特定的选项(或至少其替代方案),而且在行使力量时不受外力的干涉。但是,这种消极自由概念显然无法涵盖所有阻碍自由的因素。斯金纳举出穆勒的《论自由》为例。在《论自由》中,穆勒不仅注意到对自由的外在干涉,而且注意到对自由的内在阻碍,譬如激情、非本真性(inauthenticity)以及虚假意识(false consciousness)。所谓非本真性,穆勒指的是那种"心灵本身被束缚于枷锁之下"的状态。譬如,"英国人以为自己是自由的,但他们宁愿选择合乎习俗的东西而不选择自己的偏好,直到他们除合乎习俗的东西之外压根不再有任何偏好"。顺着穆勒的思路,后来以格林为代表的一批新自由主义者受到黑格尔主义的影响,倡导所谓积极自由。根据这种自由观,自由不是免于干涉,而是按照自由人的方式去行动。只有按照某一特定方式行动,人们才是自由的。伯林在《自由的两种概念》中曾将这种积极自由和极权主义统治联系在一起。斯金纳赞成的既不是消极自由,也不是积极自由,而是第三种自由,即共和主义自由。这种自由导源于罗马法,在文艺复兴时期经马基雅维利复活,并在英国内战时期的共和主义思想家那里进一步丰富。这种新罗马的自由观念强调,自由并非"没有干涉",而是"没有依赖关系",不受他人"支配"。按照这个观点,唯有在共和国里,才可能免于专断意志的支配,享有公民自由;只有不受帝国或其他外部强权的控制,摆脱殖民地处境,才可能享有自由。

也正是基于这种新罗马的自由观念，才可能论证妇女的平等权利以及弱势群体在社会中的公平地位。

斯金纳在讲演以及与教师、学生座谈时，不时会涉及政治思想史研究的另一个派别，即施特劳斯学派。应该说，施特劳斯学派在英国及欧洲学术界的影响颇为有限，但在中国学术界的影响却非同凡响。斯金纳在几次讲演中回答提问时以及在几次座谈中，都直接或隐含地对施特劳斯学派做出了评论。

斯金纳承认施特劳斯学派在文本解读方面的杰出贡献，"任何研习思想史的人都无疑在一点上受益于施特劳斯，即他认为西方哲学家们存在一系列经典文本，我们都应该熟读，并且他始终坚持认为这些文本应该得到非常仔细的研究，这当然是正确的"。不过，斯金纳强调，施特劳斯学派文本主义方法的最大问题是将文本作为作者信念的表达，而忽略了文本的历史语境。而较好的文本解读方法应该是，"如果我们寻求对这些文本的历史理解，那么任务之一便是努力将文本置于一个语境（context）中，让我们能够理解它们为什么写成于那个时间，它们为何有那样的主题，它们何故会出现。这些是需要解决的各种问题。施特劳斯学派对这些问题不感兴趣，他认为文本就在那里，文本需要解读"。

由于施特劳斯学派不注重文本的语境主义解读，斯金纳对施特劳斯著作的学术价值颇有质疑。譬如，斯金纳对施特劳斯关于马基雅维利的著作评价不高。他甚至认为施特劳斯写一本关于马基雅维利的书是不明智的，因为他完全不懂意大利语。一切都是翻译过来的，而翻译在当时很糟糕。所以，这部马基雅维利专著不是一本适当的学术作品。

唯一进入斯金纳法眼的施特劳斯著作是《霍布斯的政治哲学》。斯金纳称之为一部十分精彩的著作，精彩之处在于，它"是一本剑桥学派式的著作"。施特劳斯是最早研究霍布斯手稿的学者之一。施特劳斯从中发现霍布斯在贵族家庭中担任家庭教师时的教学内容，从而发现霍布斯与文艺复兴时期的人文主义文化有深厚的关系。这种关系影响了霍布斯分析美德的方式、思考自然法的方式，并影响了他的公民哲学（Civil Philosophy）。斯金纳认为，施特劳斯的霍布斯著作以及稍早一些时期滕尼斯的霍布斯著作树立了霍布斯研究的典范。他诙谐地说道，如果施特劳斯的学术贡献到此为止，我会非常钦佩施特劳斯。

除了方法论上的不同外，斯金纳也对施特劳斯学派强烈的反现代主义立场持批评态度。在他看来，施特劳斯沿袭了从尼采、海德格尔以来的德国反现代性哲学传统，拒斥个人主义、权利理论、现代国家等现代主义观念。"他那本最著名的书《自然权利与历史》，是对西方的巨大攻击。"

此外，斯金纳也强烈批评施特劳斯学派所谓"隐秘写作"的说法。他注意到，"施特劳斯专注于这样一个观念，伟大的经典是写给精英的，而且含有一个隐微的信息，这个信息只提供给精英而不是别人。如果没有领悟到这个隐微的信息，我们就不能理解这个文本"。斯金纳并不认为这是一个接近西方思想经典的有益方式。原因在于，"大多数的站在经典之列的作家，尽管施特劳斯并不同意，都明显是无畏地表达自己想法的人。霍布斯、斯宾诺莎、卢梭、马克思等与社会高度对立的作家，完全不是间接写作的人，对自己的写作和事业有着难以置信的热情"。"所以我向来不能同意秘密写作，从来没有发现它作为一个一般的说法是令人信服的，我从来没有觉得它可以帮助我们理解经典。"

诚然，斯金纳作为一个英国式的具有绅士风度的学者，在言及施特劳斯学派时尽量用一种绅士式的语言。但是，就剑桥学派而言，他们对施特劳斯学派应该说充满恶感。记得笔者2012年在日本参加"剑桥学派时刻"学术会议时，参加会议的不少剑桥学派的代表人物直接或间接表达过对施特劳斯学派的批评。为了和施特劳斯学派相对比，一些剑桥学派的成员，如约翰·邓恩（John Dunn）、伊思凡·洪特（Istvan Hont）等甚至否认存在一个"剑桥学派"。他们声称，所谓"剑桥学派"并不是一个排他的、类似宗教教派式的派别，而只是一些志同道合的"优秀历史学者"形成的学术共同体。在他们看来，施特劳斯学派可以真正被称作是一个学派。该学派有祖师爷，有虔诚的徒子徒孙，有隐秘的语言与隐秘的政治目标。他们以一种傲慢的方式显示自己对隐秘语言的熟练掌握，对任何未能掌握并运用隐秘语言的同行嗤之以鼻。在这些剑桥学派的学者看来,施特劳斯学派这种类似帮派的行为方式和傲慢、封闭的心态是与剑桥学派的旨趣格格不入的。

短短两周的访问,斯金纳留给北大、留给中国思想史研究领域极为宝贵的学术与思想财富。我们期待他对语境主义细致入微的解释能够对我国学术界研究西方思想史、比较思想史、乃至中国思想史有所启迪,期待更多的思想史研究能够通过深入细致的历史语境分析解读思想史文本的真实意涵,尽管这并不是一件十分容易的事情。

第一部分 讲演

谈文本的解释

赏一卿　译

　　首先，我非常荣幸接受到中国最著名的大学——北京大学的邀请来到这里演讲，也要特别感谢李强教授和北京大学人文社会科学研究院的邀请和热情款待，非常感谢你们。我从远方来，也将以英语演讲，非常感谢你们允许我用母语来做这个系列讲座。

　　今天这一讲的主题是"谈文本的解释"。然而，在开始之前，我想说我自己是一位哲学史家，特别是道德和政治哲学史家，因而也是一位钻研哲学文本的学者。在接下来的两周里，我将讨论两位在欧洲的政治哲学领域非常有影响力的人物——意大利的尼科洛·马基雅维利以及英国的托马斯·霍布斯。在最后一次讲座中我将概略性地探讨霍布斯如何理解自由与国家的关系，以及他的观点通常遭遇的挑战。我将为你们展现英语国家讨论自由与国家关系的一整个谱系。但是在讨论这些具体的思想家以前，我想大概谈一谈在我看来解释文学与哲学文本的最富有成果的方法。我们在处理文本时应该持有一种怎样的思想状态才能得到最多的收获？这是我在整个写作生涯一直思考的问题。在这次讲座的后半部分，也是在我看来更重要的部分，我非常希望能听到你们对此的想法，我们将一起来讨论。

在西方文学与哲学的文本解释传统中，有一种路径广受欢迎，那就是将文学与哲学文本从本质上看作是对信念的陈述（statements of belief），因此解释者的工作是要识别（identify）与解释这些文本所包含的信念。在文学研究领域，这种方法是目前最有影响力的文学批评流派"新历史主义"所秉持的，他们自称在"拷问"文本，迫使文本显露自己的信念。但是在我看来，这并不是一种富有成果的方法。在小说中，读者也许可以从叙述中推断出某种信念，但是在诗歌中，尤其在戏剧中，还会是这种情况吗？根据戏剧的大传统，戏剧作家显然要将不同的观点戏剧化，使它们相互对抗，而他自己则退居幕后。因此对于那些伟大的戏剧作品，我们很难想象可以明了作者的信念。

对于哲学文本，我同样不认为识别信念是一种正确的方法。让我们以马基雅维利的政治理论为例。在他最著名的作品《君主论》的第十八章，马基雅维利告诉我们，如果你想要保持权力，并且实现伟大的政治目标，你就应当效法狮子与狐狸。根据传统的解释方法，这段话就是马基雅维利所表达的信念，因此我们要做的就是解释这个隐喻，即政治事业的成功依赖于暴力与欺诈。当然，我并不否认这是马基雅维利的信念，但我认为这种解释并不充分。我想说的是，马基雅维利的写作是有特定的文化语境的，他的《君主论》属于文艺复兴时期广泛流行的一种文体，即君主宝鉴（book of advice to princes）。而在这一领域，文艺复兴时期的作家们广泛地受到古典作品的影响，尤其是西塞罗的《论责任》。

在《论责任》中，西塞罗告诉我们，要保持政治权力，就需要拥有 virtus。Virtus 通常被翻译为德性（virtue），这并没有错，因为西塞罗认为 virtus 包括了勇敢、明智，以及最重要的正义。但是，西塞罗同时也玩了一种文字游戏，因为在拉丁语中，vir 表示男性。所以在西塞罗看来，政治领导是与男子气概（manliness）有关的，它是 vir 的品质。但是在马基雅维利的文本里，他将男性的品质与野兽的品质对立起来，认为君主必须同时拥有这两种品质，并且要获得政治成功就需要效仿像狮子与狐狸那样的野兽。因此在这里，西塞罗的理论遭到了质疑，光有男子气概是不够的，兽性同样必不可少。此外，西塞罗在《论责任》中还谈到，不正义的做法有两种，一种是用暴力，一种是用欺诈，两者都不值得人去效仿，因为第一种属于狮子，第二种属于狐狸。现在我们清楚了，马基雅维利在那段话里其实是在引用西塞罗，是在提醒读者注意这本在当时最受尊敬的关于政治德性的作品，但他同时也是在驳斥、嘲弄西塞罗。因此我的看法是，马基雅维利并不是只是在陈述自己的信念，他同时也在**引用**（西塞罗）、**提醒**（读者)、**质疑与讽刺**(传统的主张)、**反驳**(人文主义政治理论的标准观点),从而使我们重新理解政治德性这一概念。所有这些工作都在一句话中完成了。

如果从这个角度来看,我们就能更丰富地理解马基雅维利。他不只是在陈述自己的信念,而同时也是在介入当时的政治辩论,一种讽刺的、包含敌意的、蔑视性的介入。当然你也可以从中识别出一些马基雅维利的信念,比如他认为西塞罗是荒唐可笑的。但我想关注的,并不是马基雅维利在这句话中**确认**了什么,而是他在**做**什么(what he is doing),即他在引用、提醒、质疑、讽刺、反驳等等。所以我的结论是,在解释文本时,最富有成果的方法不是专注于作者确认了什么信念,而是把作者看作是在介入不断进行的社会辩论之中。从更学术的角度来说,我认为解释的词汇不应当只是传统的有关意义(meaning)的词汇,而是至少也要以同样的程度关注语言的第二个维度(即行动)。因此我想做的不是解释文本的意义,而是揭示它的意图(intention)。我想把这一主张应用于所有的哲学文本。不管它们有多么抽象,我都想问一问,这个文本是想做什么,是一种怎样的介入,它与当时的思想现实是一种怎样的关系。

这种看法当然会给我带来很多麻烦。通过关注文本的意图,我似乎在恢复一种备受质疑的观点。这种观点在我的那一代人中,尤其遭到法国怀疑主义者的批评,特别是德里达在1967年发表的《论文字学》。他们的观点是，当你讨论意图时，你讨论的是一种心智事件（mental event），而对此你根本无法获得确定性，你无法对意向性（intentionality）发表任何主张。

对此我应当如何回应呢？让我们回到刚才的例子里。我认为我成功地揭示了马基雅维利的某个特定意图。在我看来，这些意图并非心智事件，因为它们完全是公共性的。比如，我现在向你们挥手，是在表示道别呢还是在表示警告呢？你们肯定知道我的意图，因为习俗会告诉你们。这是一个公共的行为。马基雅维利和西塞罗也一样，当你阅读他们的时候你会发现，这一位是在批评、讽刺另一位。因此，我所说的意图并非一种私人性的心智活动。

但是后现代批评家对我这种观点又有进一步的反驳，即大多数语词总是有多种意义。用德里达的话来说，你永远不可能消除歧义，不管你说话的意图是什么，总是会出现你意图以外的东西，因为语言本身总是会盖过你的意图。因此，在德里达看来，如果你要将文本表达出来的意义看作是文本作者的意图，那你犯了一个低级错误。

对于这种观点，我有两种相对立的评论。首先它无疑是一种非常重要且有价值的观点，它对文学批评很有意义，包括文本的歧义性、修辞性等等。我们当然不会幻想，说话者的意图只有一种可能的解释。在这一点上，我完全同意以上的看法。但是如果拿它来批评我的观点,我认为它是不得要领的。我讨论的意图不是与意义相关,而是与行动(action)相关。不考虑意图,我们是没办法理解行动的。行动之所以是行动,是因为它包含了意图。例如道别与警告都是一样的身体动作,但却是不同的行动,因为它们包含不同的意图。因此我想说的是,我接受后现代主义所有关于歧义性的主张,但它们并不会影响我的有关"意向性"的观点。

现在我想总结两点。首先,所有的哲学文本,不管它们有多么抽象,都是一种论战性的介入,都是在参与当时存在的辩论。因此在哲学与意识形态之间并没有一种绝对的分别。其次,如果所有哲学文本都是一种朝向公共领域的社会行动,那么我们最终得到的不是某个个别作家的文本,而是话语(discourse),要理解其中一个文本就必须同时理解其他所有文本。

在接下来的第二部分,我想讨论的问题是,如果你想识别文本所表达的信念——我不否认文本存在诸多信念,那么你应当持有一种怎样的思想状态?我们同样可以从广泛流行的看法开始。有两种彼此对立的方法在英语国家非常流行。第一种方法认为,在识别文本的信念时,最重要的问题是要确定它是真还是假。许多像查尔斯·泰勒(Charles Taylor)、菲利普·佩蒂特(Philip Pettit)那样的哲学家秉持这种观点。用佩蒂特的话来说,我们之所以首先要问是真还是假，是因为虚假的信念表现出了理性推理的失败。因此如果你要试图解释一个信念，你要解释的是为什么这个信念会失败。于是你要去寻找，是哪些"社会机能和心理压力"阻碍人们看清这些信念的虚假性。

举个例子，在欧洲的中世纪以及现代早期，有很多人相信巫术的存在，相信可以通过咒语伤害别人，并且认为它与魔鬼有关。法国历史学家拉迪里（Le Roi Ladurie）在其《朗科多瓦的农民》一书中对此有过经典的讨论。他认为这种关于巫术的无稽之谈只能被解释为一种深度的、混乱的心理压力，因此历史学家的任务就是要解释人们为什么会陷入这种压力。请注意，这些学者清楚地区别了理由（reason）与原因（cause）。要解释一个人为什么持有真的信念，就是表述那个人自己的解释；而要解释一个人为什么持有虚假的信念，则会是一种相当因果性的解释，即解释是什么导致了他们的思想混乱。拉迪里就是这么来解释巫术的。他认为，宗教改革时代的宗教战争导致了社会共识与信任的崩溃，人们越来越怀疑、害怕自己的邻居，因此当某些灾祸发生时，他们就倾向于认为是邻居害的。

在我看来这种方法存在重要的缺陷。因为以这种方式提问就是在假设，每当遇到被我们认为是虚假的信念时，我们的任务就必须是解释理性是如何败坏的。从拉迪里的角度来看，由于显然不存在巫术，问题就变成了如何解释这种疯狂的信念。但是，这样做就是把持有合理、合适的信念与持有被历史学家裁断为真的信念等同起来了。这种错误存在于两个方面。其一，某人可以持有真的信念，却毫无任何合理的理由；其二，某人持有一个自信为真的信念，虽然被我们认为是虚假的，却有着一些非常合理的理由。因此在做历史解释时，我们需要的不是区分真与假，而是区分合理持有的信念与不合理持有的信念。当你碰到一个不合理的信念时，你确实要做一个因果性的解释。但是重要的是，我们总是有可能在遵从一个时代最卓著的法规的同时，却达到虚假的信念，这是我们所有人都经历过的。因此，将虚假的信念与理性的败坏等同起来，就是在还没认识到是否适当前，就去排除某种解释而偏向于另一种。拉迪里的问题在于，他忽略了另一种解释巫术信念的可能：这些相信巫术的人们，是否拥有其他的信念，从而为有关巫术的信念提供了理由？在这种情况下，相信巫术可能就是合理的，而拉迪里所讨论的社会原因则完全可能是不相干的。这种可能性当然是存在的。当时的大多数人都相信基督教的《圣经》，相信它是上帝说的话，而《圣经》反复地告诉我们巫术是存在的，它能够造成伤害。因此，相信巫术的存在完全有可能是合理的，它与其他信念共同组成了一套信念。

现在让我们来看第二种方法。这种方法在英语国家有两位代表人物：托马斯·库恩——《科学革命的结构》的作者，以及理查德·罗蒂，他们有着为数众多的追随者。我想罗蒂的《哲学与自然之镜》肯定有中译本了，他也许是上一代最有名的英语国家的哲学家了。罗蒂与库恩都会同意，我们没必要探究人们的信念是真是假，他们想要坚持的是，一个人只要使他的某个信念与他的其他信念相融贯，就有充分的理由相信它是真的。用罗蒂引用维特根斯坦的话来说，真理无非就是在某种特定生活形式中可以理性地相信的东西。维特根斯坦正是这种相对主义说法背后的影响来源。当代也有许多历史学家开始采用这个观念。例如，斯图亚特·克拉克（Stuart Clark）写了一本关于巫术的好书，叫《与魔鬼一起思考》（Thinking with Demons）。他认为，历史学家的目标应该是展示某个信念如何与一整套信念相匹配，从而证实，这些看似疯狂的信念其实是具有合理性的。

如果从哲学的角度来看，那么你可以说，第一种方法的预设是真理与事实相一致；而第二种方法则认为，真理就是融贯性，所谓真的观念，就是能与其他观念相一致，从而形成一种世界观的那种观念。

我对第二种方法也不认同。在我看来，它虽然批判了一种文化帝国主义，但是对于合理性（rationality）的理解却过于宽泛了。当然，融贯性是合理性的一个必要标准，你不可能合理地做到同时秉持 P 的观念与非 P 的观念。但我认为它不是一个充分的标准。显然，只有考虑到那些在我所处的社会中被认为能够达到、驳斥或证实信念的理性方法，即那些被我们认为是科学的方法，我才能持有某种信念。因此,除了融贯性以外,你的信念还需要有证据,这些证据必须是有意义的(relevant)、可试验的(testable),以及符合其他各种各样的科学标准。

有些人如罗蒂可能会说,这只是你自己关于合理性的观念,你是在向其他文化出口这种观念。我不认为这是一种公正的批评。当我作为一个历史学家评论某些人的信念不合理的时候,我并不必然是在从一种文化不正当地进入另一种文化,而是以他们自己在社会中的思考方式为根据,判断他们的观念是否融贯,是否有证据,等等。我根据的是他们自己的观念。因此我讨论的不是唯一的(the)理性标准,也不是我的理性标准,而是他们的理性标准,这在我看来是历史学家的任务。你们也许已经注意到,整个理论的关键是概念相对主义(conceptual relativism)这个命题,即在一个社会中被认为是真的东西,在另一个社会则可能被认为是假的,你无法对两者进行裁判,它们只是不同的生活形式,这是罗蒂与维特根斯坦的立场。

我来谈谈我对这个立场的看法。我的这次演讲从某种程度上来说确实是相对主义的,我将"持有真的信念"相对化了:现代早期欧洲人对巫术的信念是完全合理、理性与充分的。但是如果我自己相信这些巫术,那么就是错误的、不合理的了。因此我是将理性的观念相对化了。此外我还主张,历史学家和社会科学家必须持有这种意义上的相对主义,以避免第一种方法造成的文化帝国主义。但是,我并不认为采取我的立场就必须采取概念相对主义的立场。概念相对主义关心的是真理的本质,即罗蒂所引用的,"真理无非就是在某种特定生活形式中可以理性地相信的东西"。他在《哲学与自然之镜》中举了一个也许是最有名的关于何谓理性的例子,即伽利略与枢机主教贝拉明(Bellarmine)之间的辩论。伽利略通过望远镜观察到了木星的四个卫星,从而反驳了地心说,证实了日心说。但贝拉明作为天主教教会的代言人,则维护托勒密的地心说,断言伽利略看到的不可能是木星的卫星。罗蒂并不认为伽利略是对的、贝拉明是错的(虽然这是我想说的),而是认为,贝拉明对日心说的反驳和伽利略对日心说的肯定一样客观,伽利略采用的无非是现代科学的修辞。但我不这样看。我关心的不是伽利略和贝拉明的对错,我想问的问题是,即使贝拉明的看法是错误的(我是这样认为的),对"他"而言持有这种信念是否是合理的?对于伽利略和贝拉明而言,他们持有各自的信念都有可能是符合理性的。我讨论的不是真理,而是什么使信念符合理性。每个人的信念会因信念整体(totality of belief)的不同而不同,例如伽利略和贝拉明就有着不同的信念整体。但我想探讨的并不是通往真理的某种清楚的途径。罗蒂的致命之处在于,他想知道什么是真,因为他相信真理无非就是合理的可接受性(rational acceptability)。而我通过探究这些文本**做**了什么来试图理解,在作者的那个时代持有这些信念的合理性。

谢谢大家，今天先讲到这里，期待和大家的讨论。

现场提问

1. 在理解几百年前的文本的意图时，我们如何避免自己被当代的有关真假的范畴与范式干扰？

答：我认为干扰并不会发生在真与假的领域，而是会发生在推理论证中，这是互文论证（contextual argument）的固有弱点。我觉得我们之所以能声称自己发现了文本的意图，是因为我们把它放在了互文的关系（intertextuality）中，其办法就是阅读所有这些文本。因为我们要做的是去发现，一个文本是如何回应、联系其他文本以及整个社会的。以马基雅维利为例，我之所以认为他的意图是讽刺西塞罗，是因为他引用了西塞罗的话，并且是以一种充满敌意的、嘲弄的方式来写的。互文关系是一种公共关系，它使你能够推断文本的意图，即一个文本是在讨论、认同、发展还是在否定另一个文本。这只能是一个推断（inference），我们无法再进一步，你当然可以对这种推断保持充分的怀疑。

2. 你在第一部分中强调了文本的意图，即公共意义上的行动。但是行动总是会涉及某些意义，我们如何能够得到一种纯粹的、不涉及意义的行动意图呢？你的第二部分中，根据我的理解，是想从旁观者的角度切入到当事者的第一人称的角度。我想问的是，作为一个历史学家，你是否真的能切入到这样一个过去的视角，去理解当事者自己是如何解释他们的不同观点的？

答：你提到的第一个问题和20世纪的重要哲学家维特根斯坦非常相关。他认为，我们必须将语言看作具有两个维度。维特根斯坦的名言是，不要问语言的意义，要问语言的用法，要问这些概念是用来干什么的，或者像尼采说的，将概念视为用来辩论的武器。这就区分了语言的意义与奥斯丁所谓的语言的述行性（performativity）。奥斯丁发展了维特根斯坦的理论，他给语言的用法进行分类，即他所谓的言语行为（speech act）的分类。但是，虽然言语行为有可能变成意义，也就是说，同样的词语也许会用来表达不同的言语行为，但是言语行为当然是寄生在意义之上的，因为我说出言语行为的时候是在使用词语。这两个维度可以分开来看，但却又是不可分的。当我们阅读文本时，我们感兴趣的当然是意义，我们无法摆脱意义，无法摆脱后现代学者们所说的那种想要重新发现意义的焦虑。如果你不采用极端的怀疑主义，发现言语行为会简单得多。

关于第二个问题，伽利略和贝拉明关于日心说的辩论很有戏剧性，托马斯·库恩之所以在《科学革命的结构》中也挑选这个例子，是因为他认为这是他所谓的典型的"范式转移"。对库恩来说，所有被称为知识的东西都内在于范式中。天主教教会所采用的是托勒密的范式，即与日心说相反的地心说。但是托勒密的范式存在一些问题，即库恩所谓的堆积的反常现象（anomalies built-up）。库恩反对波普尔的观点，即需要一个关键性的实验来决定谁是对的，谁是错的（当然，波普尔也不相信存在绝对的真理，而只有还未被证伪的真理）。库恩认为不存在这样一个关键性的实验，因为随着反常现象不断堆积，理论的威望会被用来拒斥那些反常现象。只有当像伽利略和哥白尼那样的人质疑理论本身时，科学范式才发生转移，这种情况在科学历史中很少出现——出现了太多的反常现象，以至于人们不再认为原有的理论还能发挥作用。库恩还举了发现相对论的例子，其中经典物理学不再被当成范式。伽利略的例子是一个关于科学范式的经典案例，要写这种历史非常容易，你可以写得非常精彩。但是更难写的历史是关于个体信念的历史：社会中的某些人可能见识浅陋，但他持有的信念却可能是合理的（虽然对我们来说是不合理的），要写这种历史就非常复杂。

3. 列奥·施特劳斯认为存在着一种隐秘的写作，即在文本下面潜藏着一种秘密的意图，你对此有何看法？

答：施特劳斯有一个观点非常重要，即在特定条件下，间接写作会成为传达意义的一种重要途径。这无疑是正确的。至于在任何给定的文本中，间接写作达到了一种怎样的程度，则是不可能判定出来的，你能做的只是把这些文本放在假设中的严酷政治背景下。他的论证是循环的：隐秘写作会出现在那些需要隐秘写作的环境中。他当然提出了一个非常重要的观点，他来自一个对反对派进行高度迫害的社会，在那里写东西必须非常迂回，不能让审查者轻易地看出来。他的另一个问题在于，他主张，压迫性的社会会促使文本的作者进行一种自我审查。而证明自我审查之存在的唯一证据是，社会中存在着一些看起来可能导致自我审查的规则。这种解释方法的问题在于，它会使人们不可避免地认为，文本必然在传达一个秘密的信息，而那些没有发现秘密信息的阐释者则会被认为是糟糕的阐释者。但是由于没有独立的分析来证明这样一种社会条件的存在，这种解释方法就没有限制，你可以在任何地方都找到"秘密的信息"。

4. 你所讨论的合理性（rationality）似乎非常宽泛，它可能受到宗教信仰、个人境遇的影响。那么个人信念或信念系统与合理性之间还有区别吗？

答：合理性是个大词，哲学家们也许不该坚持使用这个词。大卫·路易斯（David Lewis）有一篇非常精彩的文章叫《阐释》，他在文中认为，当我们考虑某人的信念时，我们应当问的问题是，他的信念是否合适（suitable）？我觉得这种问法是一个很好的切入点。在我看来，合理的信念就是适合于某人的信念。这里牵涉到的是你与你的环境氛围的关系，你与你身处其中的文化习俗的关系，你对习俗的留意程度，你的受教育程度，等等。因此，可能在某些社会中存在着一个流行的信念，但对此时的"我们"来讲却是不合适的。让我们回到巫术的案例中来。农民跑到法院来控告他们的邻居对自己施行巫术，于是法官就要裁决这是不是巫术。对原告来说，这也许是一个合适的信念，但是对法官呢？或者又比如著名法哲学家让·布丹（他以讨论主权的著作闻名），他也写过一本关于巫术的书，并且他也相信巫术的存在。那么对布丹来说，这种信念也是合适的吗？他是一个受教育程度很高的人，他讨论过各种各样的宗教，熟悉各种各样的法律体系，所以我觉得他持有这种信念并不合适。现在，当我作为一个历史学家得出这样的结论时，我关于布丹就有了一个有趣的问题：布丹出了什么问题，导致他持有这样一个不适合于他的信念？这样你就进入了思想史里的阴暗面：也许他从教会那里拿了酬劳？或者他害怕什么？这里的叙述就非常具有因果性（causal）了，因为他的信念是不合适的。我们讨论的完全不是真与假的问题。至于当时受过教育的法官，他们如果做出了承认巫术存在的判决，那么我们就要问，当时存在哪些法典，证据又是怎么被呈现与筛选的，他是否拥有足够的被"他"的社会所认可的证据，等等。如果没有这些证据，那么对他而言就是不合适的，我们就需要一个因果性的叙述；如果有，那么就是合适的（虽然是错误的）。

5. 如果像你这样过于关注社会语境以及理论体系的融贯性的话，那么我们是否可以认为哲学文本包含的只是一些社会意图或对社会的反应？这样是否会忽视它们可能包含的那些普遍、基本的问题，例如人性等问题？

答：我很愿意现在谈一谈文本的社会语境（social context），因为在讲座中我没有谈到这个问题。在我看来，社会语境是第一位的，因为它为哲学家、经济学家、政治理论家设定了问题。当社会语境变化时，这些问题也会变化。只有当社会或社会存在（马克思语）出现难以解决的困难时，才会涌现出像经济学家、政治哲学家等等这样的人物。这是很纯粹的马克思主义的思路——社会存在决定社会意识。我在《现代政治思想的基础》一书的开篇就呈现了这种马克思主义的思考方式，而我不同于传统马克思主义的地方在于，虽然问题是由社会语境决定的，但这并不表示这些问题不会反过来影响社会语境。但我也不是想讨论人们公开承认的原则如何影响他们的社会行动，而是讨论这些规范性的原则是否能将社会中的某些事物合法化（legitimatize）。社会的行动能力取决于社会的合法化能力——这就是政治，你必须将自己的行动合法化。你不能挑选或决定合法性，它是由既存的规范性框架、哲学所决定的。但是我们可以对之进行因果性陈述的是，某些社会变化是如何通过操纵政治词汇而被合法化的。以上是我关于社会语境的理论。因此我们会想知道，为什么人们在某个时期会突然着迷于"在何种情况下能够合法地反抗主权者"的问题，而在其他时期则对这个问题完全不感兴趣。在欧洲历史中，你总是会发现，这些问题是由宗教战争引起的：人们身处不同的阵营，每一方都认为自己的教派应当成为社会的基础，不存在妥协的余地，并且有时候会导致暴力的发生。这告诉我们，社会存在是第一位的，但这并不表示我们就不应当研究意识形态了，因为那些成功的意识形态能够使自己适应特定的社会环境，我是辩证性地看待这个问题的。我可能是个黑格尔式的马克思主义者（笑）。

6. 你告诉我们要注意作者的意图，但我很好奇你如何看待解释者的意图？当我们在解释伟大的作品时，我们在做什么？比如，我意图理解人民主权的历史，判断约翰·洛克和罗伯特·费尔默谁更正确。虽然知道洛克的《政府论》实际上写于十年以前[1]对我而言非常重要，但这也只是在它能帮助我理解"人民主权"的前提下才是重要的。

答：是的，确实存在着这样一类解释者，他们的意图是非历史的。这很让我为历史专业的不纯粹感到担心。这些解释者之

---

[1] 根据传统辉格派的洛克研究，《政府论》写于1689—1690年间，主旨是为了对刚刚结束的光荣革命进行辩护。但是晚近的研究者尤其是剑桥学派根据考证质疑了这种说法，认为《政府论》实际写于1680—1682年间，是辉格党用来支持《王位排除法案》（即排除查理二世的继承人詹姆士的继承权）的宣传小册。——译注

所以花费精力研究文本，是因为他们认为文本可以指示现在的我们如何行事。对此我不敢苟同。历史文献也许能够指示我们如何行事，但那是因为我们对自己的理解还不够透彻。有些人之所以想把自己与大传统联系起来，其中一个重要原因是因为它们是庞大的思想资源。这并不是因为他们支持或反对这些大传统，而是因为他们可以利用它们。这既有好的方面，也有坏的方面，因为它们会变成意识形态。如何利用大传统的问题是一个意识形态的问题。我想说的是，我们有义务尽可能地以文本理解自己的方式来理解文本。首先要理解文本的社会背景——为什么它们会存在，是社会中的哪些问题导致了这些文本的产生？其次要理解这些文本自己如何看待它们所使用的概念。文本之间存在着惊人的连续性，比如你刚才提到了约翰·洛克以及他对自由的分析。他在那本伟大著作的第一段就说，自由是专断的缺失（absence of arbitrariness）。但是现在已经没有人会认为自由是专断的缺失，我们思考自由时想到的是"权利""强迫"等等。重要的一点在于，如果你以洛克理解自己的方式理解了洛克（他的思考方式与我们非常不同），那么你就有可能改变自己对这些概念的看法，这也是我自己的体验。以非常不同于我们自己的那种方式来看待文本，是更有收获的思考途径。因此，要使那些大传统中的经典作品——不管是欧洲的还是中国的经典作品——对我们有益，首先就要以它们理解自己的方式理解它们。然后你会发现，它们有可能改变了你的想法。如果你迫使它们回答你自己的问题，那么它们就改变不了你，因为它们被写出来并不是为了回答你的问题。但它们可能会让你产生新的问题。这就是历史学家的主要任务，即尽可能地恢复文本原本的模样，然后我们再问自己如何看待它们。在发生视野的融合（伽达默尔语）以后，这些文本可能会改变你的想法。

马基雅维利：统治者与国家

陈浩宇　译

在有关治国术的西方思想史上，现代时期最为声名卓著——尽管对有些人来说，是臭名昭著而非声名卓著——的作家之一，始终是尼科洛·马基雅维利（Niccolo Machiavelli），这主要是因为他那本给统治者提供建议，被命名为《君主论》的书。对若干其他政治作家来说，马基雅维利的建议似乎太过骇人听闻，以致有时候人们——例如斯宾诺莎以及之后的卢梭会辩称，马基雅维利必定意图使他的建议充满讽刺性，或是充当一种毁灭那些他假装在为其提供建议的君主的手段。

但是在我看来，如果把马基雅维利对统治者和国家的看法放在它们得以形成的历史语境下，我们会发现他是一个充满激情的作家，对他看到的他那个时代欧洲的腐败感到绝望，并急于提供如他所说可能对想要保有政治权力的统治者有一些用处的建议。换句话说，在我看来，如果我们想要了解马基雅维利，我们首先要考虑他生活其中和进行写作的社会，以及他看到的他那个时代的统治者面临的各种问题。所以让我先来谈一谈马基雅维利的生平和时代。

马基雅维利当然是意大利人，特别地，是一个佛罗伦萨人，他生活在文艺复兴时期佛罗伦萨的盛期。他出生于 1469 年，于 1527 年去世，在这两个日期之间，他的生平可以被清晰地划分为三个部分。第一部分可以说是从他 1469 年出生到 1498 年。关于这个阶段我们所知甚少，我们知道他是一位律师的儿子，并且受到了卓越的人文教育，这使他能运用拉丁语。

但其后，在 1498 年，马基雅维利突然在佛罗伦萨的公共生活中崭露头角。他生平的第二阶段，即从 1498 年到 1512 年，可以说开始了。这一时刻的背景可以追溯到 1494 年，法军入侵意大利后，自从 1430 年代以来统治佛罗伦萨的美第奇家族的君主们（the Medici princes）倒台，在萨伏那洛拉修士（Savanorola, friar）治下，共和国得到恢复。

但萨伏那洛拉的统治仅仅持续了四年，因为他清教徒式的改革狂热引发了教皇的担忧，教皇捏造了异端罪的指控，而他也于 1498 年在火刑柱上被焚烧身亡。因而在那一年，共和国必须被重新组织，而皮埃罗·索德里尼（Piero Soderini）这个人物走入前台，成为佛罗伦萨的领导人和秘书团的首脑。但是，此前不为人知的马基雅维利也走入前台，因为在 1498 年 5 月，没有已知的早前行政经验的他，被任命为第二秘书团秘书长（head of the Second

Chancery)。

现在，第二秘书团主要负责佛罗伦萨共和国的对外关系。在这个位置上，马基雅维利将他从现在起到 1512 年的大部分时间，都花在了代表佛罗伦萨共和国从事的各项外交任务上。这是一个对于理解他的论著《君主论》来说非常重要的事实，因为这意味着马基雅维利会见了他那个年代大多数主要的统治者。我认为这也有助于解释《君主论》一种特定的典型腔调，即专家的、圈内人的，那个不仅在意大利并且在意大利之外观看过权力政治剧目的人的腔调。

马基雅维利的第一个外交使命是在 1499 年前往弗利（Forli）的统治者卡塔丽娜·斯福尔扎（Caterine Sforza）的宫廷。这提醒我们，虽然当时意大利的大多数政治领导人当然是男性，但谈及君主或统治者时不一定是指一位男子。马基雅维利在《君主论》第二十一章提及作为弗利君主卡塔丽娜的行为时，带有极大的尊重。

此后，马基雅维利被派出执行了若干任务，就此他向佛罗伦萨的执政团（Signoria）撰写了一系列的报告。对我而言，有关这些出使经历的一个重要事实是，每一次它们都在他的论著《君主论》上留下了印记，实际上马基雅维利有时会将他发回的公文中的观察直接复制到书中。

首先，1500 年的整个下半年他都停留在法国国王路易十二

（Louis XII，King of France）的宫廷中，试图探明法国是否会帮助佛罗伦萨重新获得比萨。马基雅维利的许多反应可以在《君主论》的第三章中找到，这章是关于路易对意大利的几次远征。接下来，在1502年，他在位于伊莫拉（Imola）的切萨雷·博尔贾（Cesare Borgia）的宫廷逗留了四个月。他最初向执政团报告的对博尔贾的评估，成为《君主论》第七章。然后，在1503年，博尔贾家族的教皇亚历山大六世（Alexander VI，Pope）去世，而他的继任者庇护三世（Pius III）也几乎旋即去世。马基雅维利被派往罗马报告新教皇的选举，其中强大的尤利乌斯二世（Julius II）成为新的教皇。再一次，我们发现《君主论》中对这些统治者的评价，基于马基雅维利在遇到他们时的观察，他对亚历山大的评价在第十八章，对尤利乌斯的评价在第二十五章。

　　马基雅维利的最后一次出使任务在1507年到来，当时他被送到了神圣罗马帝国皇帝马克西米利安（Maximilian）的宫廷。皇帝已经宣布他打算到罗马接受加冕，而佛罗伦萨非常急迫地想知道，他是否是同时带着某种战争情绪前来的。马基雅维利对马克西米利安的尖刻评价出现在《君主论》第二十三章，这一章是关于听取良好建议的必要性。他报告说——正如他最初对于执政团所报告的那样——没有人知道皇帝会做什么，这恰是因为他自己也永远不知道自己的想法，因为他总是遵循最后与他交谈的那个人的意见。

所以我的观点是,马基雅维利面见了法国国王,面见了教皇,面见了神圣罗马帝国皇帝,并且在几个月的时间里一直在观察他们的行动。正如他在《君主论》"献词"中所说的那样,这意味着,尽管他对政治技艺的许多观点源于他对古代历史的阅读,但是许多则直接来自于他对自己时代主要政治首领行动的观察。

如我已经提到的,马基雅维利生平的第二阶段从1498年延续到1512年。1512年,佛罗伦萨共和国在战火中覆灭,马基雅维利的政治生命也同样如此。教皇尤利乌斯二世为了将法国人驱逐出意大利,于1511年与西班牙的费迪南德(Ferdinand)签署了神圣联盟(Holy Alliance)协定,在下一年便将令人望而生畏的西班牙步兵引入了意大利。佛罗伦萨是法国的传统盟友,而在1512年的夏天随着神圣联盟的逼近,佛罗伦萨共和国投降而美第奇家族恢复了权力。不久之后,马基雅维利被指控参加了反美第奇的阴谋,他被解雇、被捕,遭受酷刑并受到监禁。

马基雅维利在1513年3月的大赦期间被从监狱释放,但从此之后他再也没有担任公职,而他生涯的第三个也是最后一个阶段,结束于他去世的1527年。这是他从未向往过的一种生活,但它却给他带来了或许舍此一途便永远不会享有的身后名。他退隐到位于佛罗伦萨南部的农场,随后一系列的杰作便从他的笔端倾泻而出,其中包括他的戏剧《曼陀罗》(*Mandragola*),可能在1518年完成;他的《论李维》(*Discorsi*),在1519年完成;他的

《用兵之道》（*Art of War*），于 1521 年出版；他的《佛罗伦萨史》（*History of Florence*），在他去世前不久刚完成。

但是，他生命最后一个阶段完成的首部作品是《君主论》，他似乎在 1513 年 3 月被释放后便立即开始这本书的创作。从一封 1513 年 12 月写给他的朋友弗朗切斯科·维托里（Francesco Vettori）的著名的信中，我们知道当时他已经完成了《君主论》的草稿，因为马基雅维利写道，他通过思考治国术来作为他被迫赋闲时光的消遣，而且正如他所说，他已经完成了一本关于这个主题的小书，《论君主国》（*De principatibus*）。他最后把它称为《君主论》（*The Prince/ Il Principe*），而现在我将加以讨论的正是这本书。

我确信大家都知道，《君主论》是一本非常简短的书，由 26 个简短的章节组成。上半部分是关于如何赢得权力，下半部分是关于如何保持权力。在这次讲座中，我主要关注这本书下半部分，而我对第十二至十四章特别感兴趣，其中马基雅维利将君主视作军事指挥官；而我最感兴趣的莫过于第十五至十八章——也是这本书中最为臭名昭著的部分——其中他谈及适合君主的道德举止。

马基雅维利在第十五章的开头引入了这个话题，告诉我们他的目的是写一本具备一些用处的提供建议的书，而他在结尾处则说他意在为新君主提供建议，能使他们像久已确立的君主那般稳固。在他著作的这一部分中，他始终强调，任何君主想要顺利地成为稳固确立的君主，都必须拥有一个关键的和不可或缺的品质（quality），或是一套品质。这就是他称之为 *virtù* 的品质。这个词在整本书中回响，出现了 60 次，几乎每页都出现了一次。所以在阐释《君主论》时，一个相应的重要任务就是试图把握，借由这个关键术语，马基雅维利意在说明什么。

他从来没有为我们提供一个正式的定义——这不是他的行事风格。而且，由于他在各式各样的语境中谈到了君主的德性，所以许多评论家都认为他在使用这个词时根本没有任何一致性，这或许并不奇怪。但是我想要表达的第一点是，马基雅维利在使用这个词时——就我所见——是完全一致的。他将其运用到《君主论》整本书中作为一套品质的名称，他认为对这个词我们可以说出许多不同的东西——事实上，我认为我们可以主要阐发三件事情。

首先，*virtù* 被称为某种品质或是一套品质的名称，能够使一个统治者至少在一定程度上控制命运（*Fortuna*），也即政治事务中纯粹运气的摆布。马基雅维利总是非常强调运气、纯粹的偶然性在政治事务中的作用。他相信，每一个成功的政治家，都必须享有很多好运气，至少是以他称之为 *occasio*（opportunity，机缘）的形式，也即一个可以表现他或她的才华的特定机缘。此外，他还认为，纯粹运气或偶然的作用可能是压倒性的，在这里他使用《君主论》第七章中切萨雷·博尔贾的生涯来说明自己的观点。起初,博尔贾作为一个统治者绝顶幸运,因为他在罗马涅(Romagna)地区的王国,是由他的父亲亚历山大六世直接给予他的。但其后,博尔贾绝顶不幸,正当他的敌人入侵罗马涅时,他身染沉疴并因此失去了自己的国家。

然而,马基雅维利的中心主张是,你总是能够限制命运的力量来伤害你。正如他在论述命运的第二十五章中所说,命运是完全不可预知的。它就像一条通常平稳流动的河流,但有时却会产生灾难性的洪水。所以你必须确保,当生活风平浪静的时候,你修筑了堤坝来应对那些并非如此的时代。那些成功地预测并因此以这种方式应对了命运的不可预测性的人,所拥有的品质便被称为 *virtù*。

这一点在第六章中被特别加以阐明,马基雅维利考察了历史上取得最大成就的新国家的创建者和首领——摩西、居鲁士和罗慕路斯。关于他们,马基雅维利说道:"如果他们的生平和行为得到检视,将会看到他们得之于命运的只不过是行动的恰当机缘。所以,例如,犹太人被奴役的事实给予了摩西充当他们首领的伟大机会。但是之后马基雅维利补充说,"正是因为他们伟大的 *virtù*,提供给他们的机会才没有被浪费掉"。

所以,*virtù* 首先是那种能使你抗拒命运的摆布、利用好运并抵御不幸的那种品质的名称。马基雅维利在第二十一章又重申了这一论点,这一章是关于为什么在他那个时代,这么多的意大利统治者都失去了他们的国家。他说，他们都责怪他们的不幸，但是如果他们拥有任何 *virtù*，他们本应知道如何限制命运的劫掠并将因此幸存下来。

这将我引入了马基雅维利关于 *virtù* 的属性所说的第二个要点，他同样在第六章做了介绍。因为那些拥有伟大 *virtù* 的政治领袖总能抓住他们的机会。他说，他们反过来也能确保他们设法维持他们的国家和地位（*mantenere lo stato*）。

这里"lo stato"这个术语较为含混，因为马基雅维利意指两件事。一方面这类君主能够维持他们自己的 *stato*，即他们的地位，他们作为君主的身份。另一方面，正如在这本书的起始句中宣告的，君主们能做到这一点的原因在于，他们能够维持交付于他们手中的国家（*stati*[1]），即那些为他们所统治的领土和机构。这事实上是对"国家"（state）这一术语在现代标准意涵上的一次极早的使用。马基雅维利在说的是，只有当你能够维持国家（*lo stato*），即国家的组织和各种机构时，你才有希望维持你作为君主的地位（*stato*）。

现在，马基雅维利的观点是，如果你想在这一双重意涵下维持你的国家和地位，那么对你而言不可或缺的品质便是 *virtù*。我认为，这确实是他在《君主论》中的中心主张。正如他在第六章

---

[1] *stati* 是 *stato* 的复数形式。——译注

中宣告的，那些借由他们自己的 *virtù* 成为君主的人，在获取权力时体验到了困难；但是，一旦他们已经获得了权力，他们的 *virtù* 便意味着他们可以毫不费力地保有权力。

他在第六章结尾部分考察了叙拉古的希耶罗的例子。希耶罗是一个籍籍无名的统治者，但马基雅维利对他却投注了一种《君主论》其他地方难得一见的激赏。他写道："从一介平民，希耶罗成为了叙拉古的统治者。他享有一个很好的机会这一点是真实的，因为叙拉古遭到压迫，因此在寻找一个首领来解放他们。但除此之外，他的成功便绝不受惠于命运，而是源自他是一个具有卓越 *virtù* 的人这一事实。"

如马基雅维利在第十九章提示的，我们也可以采用一种对照性的和负面的方式来表达同一观点。如果你想维持你的国家和地位，他说，有两件事情你必须确保绝对地加以避免，即被憎恨或是被蔑视。他借由对古罗马诸位皇帝不同命运的简要勾勒来阐发这一点。

安托尼努斯（Antoninus）被憎恨，因而失去了他的地位和国家；佩蒂纳克斯（Pertinax）和亚历山大（Alexander）被蔑视而丢掉了他们的地位和国家；康茂德（Commodus）既被憎恨又被蔑视，因而只在一段极短的时间内维持了他的地位和国家。与之相对，马克·奥勒留（Marcus Aurelius）和塞维鲁（Severus）既未被憎恨，也未被蔑视——虽然塞维鲁为人们极端畏惧，所以他们没有任何困难地维持了他们的地位和国家（mantenere lo stato）。如果我们问情况为什么是这样，答案会是两者都具备马基雅维利所说的非凡的 virtù。所以，在第二个方面，virtù 是那种能使你继续掌权的品质的名称。

让我们最后转向马基雅维利试图让我们理解的关于 virtù 的第三个要点。在这里，我们首先需要注意，在马基雅维利看来，所有政治领袖实际上都为他们自己设定了两类目标。正如我们已经看到的，那个基础的目标是维持权力，即设法维持其地位和国家。但此外还存在更高级的目标，马基雅维利特别喜欢说的是，君主的真正目的不应该仅仅是维持权力，而更应该用来去做那类能给他带来荣耀（la gloria）的宏大事业（gran cose）。在这里，马基雅维利声称，那种不仅能使你维持地位和国家，而且去做宏大事业的品质，正是 virtù，即成为一个有德行的（virtuoso）君主。

这一点在马基雅维利于《君主论》第十九章对罗马诸皇帝的讨论中，同样得到呈现。在这一章，我们看到，他挑出马克·奥勒留和塞维鲁给予特别赞美。他说，奥勒留在设法维持其地位和国家方面不存在困难，因为他是继承而来。但是，同塞维鲁一样，他也是一个具备非凡 virtù 的人。因此，他说，他们两人都不仅能够继续执政，而且为自己赢得了荣耀；奥勒留在去世时更是赢得了每个人的敬重。在第二十四章总结时马基雅维利补充道，新君主如果具备这种 virtù 的品质，将不仅有望获得荣耀，而且能获得双重的荣耀（*gloria duplicata*）。因为他们不仅将为一个国家奠基，而且将通过好的法律和他们自己树立的好榜样来巩固这个国家。

所以，在我看来，这便是马基雅维利对 *virtù* 这个概念所作的分析：它是那样一套品质的名称，它能使你掌控命运，维持你的地位和国家，并使你上升至君主荣耀和名声的高位。

但是，你或许完全有理由反对说，我们的分析还没有走得太远。因为我们非常想要知道的是：那些成就一个有德行的君主的诸品质到底是什么？什么是 *virtù* 的各个构成要素？

回答这个问题，恰恰构成了古典特别是罗马政治理论的一个主要关切，而这一传统又对文艺复兴时期的意大利产生了普遍的影响。所以，我接下来想谈一谈这些古典作家和他们的追随者是如何回答我们的问题的，即构成一个具备 *virtù* 的人，或者按照他们的说法，构成具备 *virtus*（拉丁语）的人的那些具体的品质。

他们通常将具备 *virtus* 等同于拥有两套特定的个人德性（virtues）。首先，是所谓的若干枢德（'cardinal' virtues），基督教人文主义作家就是这么称呼它们的。它们被认为是明智、勇敢、节制和正义。但我认为我们有理由说，当讨论政治首领时，这些特质中通常有两种得到了突出的强调。一个是勇敢，他们也喜欢将之描述为真正的男子气概。在这里我们要注意，拉丁语中存在两个词来表示"男子"，一个是 *homo*，意指男人或女人；另一个是 vir，意指男人而非女子，也是英语词汇"virile"（强壮的、有阳刚之气的）的词源。但这便意味着，既然 virtus 所指的品质必然与男人（vir）这一形象紧密相连，那么它必然意味着男子气概，也即勇敢，具备男子气概的勇敢。

另一个特别为政治首领所需的枢德是正义，古典时期对这一美德的讨论在文艺复兴时期产生了最大影响且马基雅维利也极为熟稔的，正是西塞罗关于道德德性的著作《论义务》（De officiis）。西塞罗将正义视为给予每个人为他所应得的，但他关于正义作为首领的德性，还有两个具体要点要加以阐发。

首先，他写道："正义的基础是诚信（fides），也即，在诺言和协议方面的坚贞和真实。"西塞罗将这一承诺概括为如下箴言，"必须永远保持诚信"（fides conservanda），也即你必须始终信守承诺。另一个要点是关于一个真正具备男子气概的首领肩负的如下义务，即避免不正义。我接着引用西塞罗："不正义可能由两种方式造成，或者是通过强力，或者是借由欺诈。两者都是完全异于人的，因为欺诈似乎是在以狐狸的方式行动，而强力则是狮子的方式。"这要求在权力的运用过程中避免兽性的或残暴的方式。

我已经提到，古典的和文艺复兴时期的作家在讨论政治首领时，挑选出两组德性。那么现在我转向第二组，他们将之描述为明确属于"君主的"德性（'princely' virtues）。其中一个被一致认为是慷慨（liberality），而且事实上我们或许仍会谈到所谓一个"堂皇的（君主的）"礼物（a 'princely' gift），意即一个尤为慷慨的礼物。西塞罗在《论义务》中包含了讨论慷慨的一小节，但关于这个话题最全面和最具影响的处理能在塞涅卡的作品《论恩惠》（*De beneficiis*）中找到，这部作品被那些给各式君主和行政长官撰写手册的意大利作家所不断引用。另一个主要的君主德性被认为是仁慈，对此最有名的作品是塞涅卡的《论仁慈》（*De clementia*）。这项品质同样被认为是专属于统治者的一种特质，因为它的行使预设了以一种更高的善（a higher good）的名义来搁置正义的特权，而这只有主权者能做。

这些关于构成了真正的君主之 *virtù* 的各种具体德性的观点，在文艺复兴时期基督教人文主义政治理论中随处可见。但是，关于马基雅维利时常谈到的一点是，他完全拒绝了这个道德论证的结构，转而坚称作为一个君主，如果你想要维持你的地位和国家，你将时常发现有必要违反在这里规定的各项道德和政治德性。菲利普·鲍比特（Philip Bobbitt）教授在新近出版的关于马基雅维利的书中便持有这一观点，并且他补充说，这就是马基雅维利主义式的（Machiavellian）政治道德的本质所在。

这个观点中蕴含了部分真相，我在结尾处会回到这一点。但与此同时，我想说的是，认为马基雅维利是一个纯粹的马基雅维利主义者——他希望统治者明白，为了维持他们的国家，他们必须做好准备去做任何事，并因此彻底放弃从君主德性的角度加以思考——这种关于马基雅维利的观点，我感到太过简单，而且根本上是不正确的。为了给出我的回答，如我已经在演讲开头提及的，我现在将聚焦于讨论君主道德的那些核心且臭名昭著的章节，即《君主论》第十五到十八章。

我的第一个观点是，马基雅维利从没有驳斥过对勇敢这一古典德性的强调，它或许是君主的 virtù 最关键的构成要素，而且实际上马基雅维利对它尤为重视。这构成了马基雅维利《君主论》倒数第二章中著名讨论的基础，这一章讨论命运的力量，而马基雅维利认为命运是一个女人（*la Fortuna e una donna*）。借由这个比喻，他表达的是，那些能够获得命运女神青睐的将是那些年轻和勇敢的男子，他们有意愿冒险赢得君主荣耀。潜藏在马基雅维利此处讨论之下的，是一条来自李维的著名格言：命运青睐勇敢的人。马基雅维利在告诉君主：永远要大胆，永远不要犹豫，永远不要维持中立，在任何时候都要行动起来。正如他在晚年的某封信中借由一条警句表达出来的，行动之后后悔总是好过不行动而空悲叹。

对君主勇敢的关切也出现在《君主论》第十二到十四章，在这里他讨论了军事事务。这里，他主要的要求是，君主永远不要采用雇佣军，而是要始终担任他们自己军队的将领，从而给他们的臣民提供勇敢方面的表率。所以，在《君主论》中，马基雅维利从未反对勇敢这一德性可以维持统治者的地位和国家。

但是我主要想对认为马基雅维利是一个马基雅维利主义者这种流俗看法,提出第二种批评。这种看法认为,作为一个统治者,你有义务维持你的地位和国家;而为了达成这一目的,你必须做好准备去做一切必要之事;而这将经常要求你违背各种德性而行动。这样一种对《君主论》的概括,在我看来,完全错失了这本书中包含的对所谓君主德性——仁慈和慷慨——相当复杂的讨论。

这些品质是如何嵌入他那幅有德行(virtuoso)之君主的图像中的,马基雅维利对这个问题表现出特别的兴趣。当他在第十五章开篇问到"一位君主对待其臣民和盟友应该采取的方法和举止是什么",这些便是他最开始罗列出的品质。而当他在后续章节中更为细致地讨论统治者的举止时,他再一次聚焦于君主德性的条目。第十六章被命名为"论慷慨与悭吝",第十七章则是"论残酷与仁慈"。

现在,当他转向这些德性时,马基雅维利并没有提出那个马基雅维利式的观点,即为了维持你的地位和国家,在遵循为它们所规定的东西时,你必须小心谨慎。他说的是,在遵循通常被认为或被视为(generally held or taken)为它们所规定的东西时,你必须小心谨慎。在第十六章开头,他谈到有一些统治者被认为(held/*tenuto*)是慷慨的。而且他在第十七章起首继续谈到,一些人是如何相似地被认为或被视作是仁慈和怜悯的。

此外，这些评论还伴随着另外一个观察，即在我们生活其中的腐败世界，德性与恶行（vice）的语言已经受制于如此巨大的操纵，以致现在许多被视作是有德性的行为实际上是恶行，而许多其他被谴责的恶行则是德性的实例。其结果正如他在第十五章中所抱怨的那样，许多事情看起来是有德性的而其实不然，而其他许多事情则仅仅看起来是恶行。

这一论断首先在第十六章关于慷慨的讨论中得到了详细铺展。马基雅维利首先讨论了最适宜——按照他的表述——使得一个君主被广泛认为是一个慷慨的人的那类举止。那类现今被认为是慷慨的君主，"会为了维系他的慷慨名声，而在各类大方的举动中耗光他的全部财富"。

现在看起来，马基雅维利好像是在建议你对这一德性保持谨慎，因为他紧接着讨论道，这种行为方式无疑是危险的，而且会使你极有可能失去而非维持你的地位和国家。原因在于，任何统治者通过消耗他的财富来维系慷慨的名声，将很快堕入贫穷之中，而为了避免那一危险，并且希望保住慷慨这一名声，他将发现不可避免地要对他的民众横征暴敛。但这反过来会使他显得贪婪，并逐步使他为其臣民所憎恨。但正如我们已经看到的，任何在他的臣民中激起了憎恨的君主，将很快失去他的地位和国家，甚至极有可能失去他的生命。

但是，马基雅维利并不是在告诉你要提防慷慨，因为他的观点是，一个以如此方式行动的君主，事实上并非是在慷慨行事。他确实展示了通常被认为的慷慨的举止。但事实上，如马基雅维利所表述的，他实则是呈现了 *sontuosità* 的恶行，即奢侈（extravagance）这一恶行。一个君主的真正的慷慨德性，在于从不对你的臣民横征暴敛，而这将要求你确保避免各种奢侈的表现。可以承认的是，这或许在最初会赋予你吝啬之名。但如马基雅维利所说，终有一天人们会逐渐明白，你表面上的吝啬会是真正的慷慨。

马基雅维利在下一章检视仁慈这一德性时，呈现了一种相似的论证。同样，他关注现今被认为是仁慈的那类行为，即拒绝惩罚坏的行为。他提供了一个佛罗伦萨人的例子，当邻近的城市皮斯托亚（Pistoria）爆发内部骚乱时，因为害怕若施加干预或许会被视作残酷，佛罗伦萨便什么也没有做。而在这一章后面，他又补充了罗马将领大西庇阿（Scipio Africanus）的例子，他因仁慈而被称道。马基雅维利提供了两个据称是大西庇阿仁慈行为的例子。一个是，当他在西班牙率领罗马军队时，他放弃了通常严格的罗马军事纪律观念，并给予他的士兵以很大的自由。另一个是，当他的一个使节毁灭了洛克里城（city of Locri），为避免显得残酷，大西庇阿拒绝惩罚他。

再一次，马基雅维利似乎是在警告我们避免仁慈，如果我们希望维持地位和国家的话。因为，在上述情况中，对相关各方而言后果是灾难性的。佛罗伦萨拒绝干预皮斯托亚，并且拒绝为了恢复和平而惩罚骚乱的领导者，其结果是使他们对皮斯托亚的控制变得极不稳固，而骚乱带来的大屠杀使许多无辜的人丧命。大西庇阿在对待其军队时被称颂的仁慈同样带来了严重的后果。这与军事纪律的要求严重背道而驰，以致军队发生了暴动，因而在一个危险的时间点削弱了罗马的力量。

但是，马基雅维利事实上说的是，所有这些都并非是仁慈的真正实例。在我们这个腐败的时代，它们的确是那些逐渐被视为仁慈的行为的例子，也即从不施加惩罚以便避免残酷之名。但是"如果我们考虑正确的话"，如马基雅维利所表述的，我们将看到，佛罗伦萨人对皮斯托亚骚乱的反应，是过分放纵（mere overindulgence/*troppa pietà*）的实例。同样，对于大西庇阿，他据称的仁慈只是马基雅维利不无轻蔑地称为一种软弱个性（a lax character/*natura facile*）的反映。

所以，对于所谓的君主德性，我认为，马基雅维利并没有提出那种马基雅维利式的观点，即你应该对遵循这些德性保持警惕。危险不在于遵循慷慨和仁慈的德性，而在于遵循了一种对于究竟何谓这些德性的腐败和错误的理解。

但是，马基雅维利也相信，如果这些君主德性得到了恰当的理解和正确的实行，它们在事实上便会帮助一个君主维持他的地位和国家吗？这将会是对一种古典德性观的接受，即认为德性是那些能够带来君主成功的品质。而在我看来，关于君主德性，这确实是马基雅维利持有的观点。

这一正面的论证在他对慷慨的讨论中表现得最为清晰。他说，一个希望维持他的地位和国家的君主，正如法国国王路易经常做的，会坚决拒绝沉迷于各类奢侈的花费中，它们在当今通常被视为慷慨的表现。在最初，人们将会贬斥这类君主是守财奴，路易当初就遭到了这种贬斥。但同时，与路易一样，这些君主将永远不必对他们的臣民施加重税来负担各种奢侈的开销。而最终的结果将是，如马基雅维利所表述的，人们将逐渐体会到这些君主的悭吝恰恰是慷慨。他补充道，事实上，这些君主在行动时是伴以"得到正确理解的"（rightly understood）慷慨，而这无疑会是一种帮助他们维持其地位和国家的德性。

但是，所有这些并不否认，那个马基雅维利主义式的传统形象仍然在场，并且事实上在《君主论》中是强势地在场。我想通过说明和阐发这一点来作结。正如马基雅维利自己在第十五章开头转向君主德性问题时所说的，"我充分意识到，很多人已经讨论过君主 *virtù* 这一主题，因而我担心，我或许会被视作倨傲自负，因为我要说的与其他作者就这一主题提出的看法大相径庭"。所以，马基雅维利声称在这些章节中提出的与古典人文主义的观念大相径庭的东西是什么呢？

他在第十五章径直做了回答。他的核心论题是，"在人是如何生活的与人应该如何生活之间有如此之大的距离，以致任何人为了应当做什么而置实际上做什么于不顾，那么他非但不会学到如何保存自己，反而会导致自我毁灭"。

《君主论》第十八章进而把维持诚信和谨守承诺这一无可争辩的美德作为具体的例子。我们已经知道，西塞罗格言是，必须始终维持诚信。马基雅维利于第十八章的标题处的回应，似乎只是做了一个很小的修订，但仍然宣告了一场革命，因为他设问道：诚信应以何种方式——即在多大程度上——被维持？他回答道："当这种维持不利于他时，没有哪个明智的统治者会维持诚信，或者他应该这样做。"而这一建议，他补充道，已经为经验所证实，"因为经验告诉我们，在我们自己的时代，那些成就了宏伟事业（gran cose）的君主，恰是那些认为谨守承诺无足轻重的人"。

马基雅维利在第十八章这个最具爆炸性章节的末尾，总结了他的学说。"必须理解：一位统治者，特别是一位新的统治者，不能总是以良善的方式来行动，因为，为了维持他的地位和国家，他会经常被迫违背诚信，违背仁慈，违背人道，违背宗教来行动。……只要可能的话，他不应该背离良善之道，但当必要时，他必须知道如何走上邪恶之途。"

那么，相对于整个西塞罗和人文主义传统对政治德性的思考，上述观点将马基雅维利置于何种位置呢？特别地，该如何看待西塞罗的如下反驳？他认为，拥抱这种关于德性的看法，是将我们降低到兽类的水准，并且具体来说就是去模仿狮子残酷的暴力和狐狸可鄙的狡诈。

正是在这里，马基雅维利真正地宣告了他在政治道德领域的革命。首先，他回答道，"对一个君主来说，不仅必须懂得运用人类的行为方式，更应懂得妥善运用野兽的行为方式"。这个教诲，他补充到，为谈论治国术的古代作家所熟谙，他们谈到阿基里斯被半人半兽的马人咯戎（Chiron the centaur）抚养教育。"这不外乎是说，"马基雅维利解释道，"君主必须知道如何同时使用兽性和人性，因为两者任缺其一都不会维持得长久。"

如果情况是这样，那么知道模仿何种兽类便显得极为重要。而在这里，马基雅维利讽刺性地翻转了西塞罗对非男子气概方法（unmanly methods）的郑重批判。"在兽类之中"，他宣称，"君主应该选择狐狸和狮子"，因而承认如果你希望维持你的地位和国家，那么暴力和欺诈不可避免。

马基雅维利再一次援引了塞维鲁这一形象和他所说的塞维鲁对"如何妥善运用狮子和狐狸的伪装"这一点的完备理解，来完善他对人文主义虔敬作风的批判。马基雅维利将塞维鲁欣然运用兽类方法视作他是"一个具备杰出 *virtù* 的人"的一个表征。他领会到的恰是，不仅是人类的方法，而且兽类的方法对于试图维持其地位和国家的君主来说同样都是不可或缺的。

要注意的是，这绝不是说，一个成功的统治者将始终运用残暴和兽类的方法而非更具德性的方式来统治他的国家。马基雅维利在第八章便考察了这样一个统治者，他讨论了阿加托克勒斯（Agathocles）的例子，一个西西里的古代僭主。他说，阿加托克勒斯是从最为低贱的命运中成为统治者的，并在之后面对他的所有敌人，成功地维持了他的地位和国家。但是，马基雅维利说，阿加托克勒斯达成这一切所依靠的，都是最令人不齿的残暴的方法。所以马基雅维利的结论是，尽管阿加托克勒斯始终是成功的，但他却不能被称为一个有 virtù 的统治者，或是被列入那些伟大的统治者之列。他为什么不能？因为他从不曾想到将他的残暴限制在为维持其统治所必要的范围内，而是无论在什么时候都暴虐地统治。

但是这些手段，马基雅维利说，使他获取了权力，尽管并非荣耀。而使他毫无光彩因而并非一个具备真正 virtù 的统治者的原因，是他没有通过关于统治者职权（rulership）的主要测试。这项测试——同时也是马基雅维利论证的核心——便是，即使你必须准备好忽视传统德性，当你发现这为维持你的地位和国家所必需，你仍必须尽可能地去试着遵循传统德性。

总结马基雅维利观点的一种方式，将是说事实上他重新定义了 virtù 这个概念。他同意，只有通过运用一个真正有德行的（virtuoso）统治者的各项品质，一个君主才有望维持他的地位和国家。但他不再将作为一个有德行的统治者这一状态，等同于实践各项道德德性。一个有德行的统治者将准备尽可能地遵循德性的命令，但使他脱颖而出的则是他的这项技能，即判断何时忽视它们或许更加合适。因而 virtù 这个词被马基雅维利用来表示任何范围内的属性——道德的或是其他方面的，只要它们在实际上能够使一个君主去做他必须做的，即维持他的地位和国家。

这便是马基雅维利的基本论点。但正如他自己也充分意识到的，这使他面临一个严峻的两难局面。这来源于这样一个事实，他说，每个人都认为君主遵循各项道德德性是值得称赞的。例如，"每个人都知道，守信对君主来说是多么值得称道"。但这意味着，如果你作为一个君主，却经常悖逆道德德性的规定而行动，你将会开始显得像是一个邪恶的人，而这会使你有可能被憎恨。但正如我们已经看到的，一旦你被人们憎恨，你将极有可能丢失你的地位和国家。

所以，他的一些读者得出结论说，这不仅是简单的自我挫败（self-defeating），而且是故意自我挫败。卢梭持有这一观点并争论说，作为一个良善的共和主义者，马基雅维利实际上是在给君主设置隐秘的陷阱。而不少当代学者也重拾了这一理论，包括玛丽·迪茨（Mary Dietz），以及近期的艾瑞卡·本纳（Erica Benner）。

然而，在我看来，马基雅维利似乎不仅热切地指出了这个明显的陷阱，并且向君主们提供建议如何确保避免它。而他的建议是，一个希望伴以真正的 virtù 来行动的君主——即那些希望能够尽可能地遵循道德德性的规定来行动，但同时也能在必要时对之加以搁置的君主，将必须成为——马基雅维利写道："一个出色的伪装者和假好人。"他将必须投身于"纹饰"他的各项行为的复杂任务中去，以便他显得是在遵循道德德性的命令，即便是当他——事实上，特别是当他——实际上在藐视和忽视它们的时候。

然而，你或许会想，这仍然给马基雅维利留下了一个难题。一个君主如何能够维持这种要求于他的永久的和持续的欺骗呢？马基雅维利当然已经想到了这一点，而他以他最为凛冽的口吻坚称，这里根本不存在任何困难。这是因为，"人们是如此天真，如此顺服于眼前的必然性，以至于那个进行欺骗的人总是可以找到甘愿被骗的对象"。他补充道，如果你对这一真理加以反思，你将发现它对君主们尤其有用。当考虑政治首领时，"人们做出判断时一般依靠他们的眼睛甚于他们的双手，因为每个人都能看，但很少人能够接触，所以每个人都能看到你看起来是什么样子，但很少有人知道你实际上是怎样的"。所以，马基雅维利感到能以一种洋洋自得的口吻作结："因而让一个君主以这种方式行动以便征服和维持他的国家；他的方法将始终会被认为是可敬的"，即使有时候它们并非如此。

然而，自从马基雅维利的《君主论》出版以来，便有批评家认为这番自鸣得意为时过早，而且马基雅维利没有注意到对他的哲学的最明确的反对。让蒂耶（Innocent Gentillet）在他1572年的《反马基雅维利》（*Anti-Machiavell*）中问到，末日审判时，当一切昭然，因此这个伪装的君主所有潜藏的邪恶将最终被公之于众时会怎样？这必然会使任何君主迟疑，并使他意识到，最终，马基雅维利的哲学是虚假的。马基雅维利对此该说什么呢？对此马基雅维利根本一言未发，而这种沉默可能是这本书最发人深省和引人注目的事情。

现场提问

1. 您认为马基雅维利是一个古典共和主义思想家，他的共和主义思想与当今新共和主义思想有何异同呢？

答：马基雅维利先写了一本关于君主的书，之后又写了一本关于共和国的书。这两本书来自不同的时期，处理了不同的对象。这引发了一个人们持续讨论的问题，即马基雅维利是一个真正的共和派，因而敌视君主吗？以及，哪一种形象才是真正的马基雅维利？在我看来，《君主论》和《论李维》中传达的道德教诲是完全一样的。共和国的美德关注它的扩张、荣耀，甚至是帝国，为了保卫共和国的安危，一切手段都被允许使用。但在两本书之间也存在一个巨大的差异，马基雅维利认为共和国的目标是荣耀和伟大，这与君主的目标是相同的。但马基雅维利同时指出——这同样也是来自李维等古典作家的教诲,在没有自由存在的地方,将不可能有共和国的伟大。这种共和派的宣称,则是《论李维》新颖的地方。很多人都忽视了这一点。其实在《君主论》开篇,马基雅维利就指出,人们或者是生活在君主之下,或者是生活在自由之中。因而你不可能在君主制下生活得自由。这可以称之为《君主论》中的共和时刻,马基雅维利在两本书中都表达了同样的共和关切,你可以意识到一个统一的形象存在。

2. 马基雅维利著作中的意大利语单词 *animo* 有几种不同的英文翻译,在哈维·曼斯菲尔德(Harvey C. Mansfield)的译本中,他将之翻译为 spirit、intent 或者 mind,我猜想这个词与 *humor* 这个希腊词有相近之处。[2] 我注意到这个词,是认为它可能牵涉到君主和人民的关系。君主可以利用人民的 *animo*,因为马基雅维利提到,君主在统治时可能不是依靠理性的说服,而是去激发或是安抚人民的 *animo*。他对 *animo* 这个词的选用也很有意味,因为他从未使用过 *anima* 这个相近的词,而这个词一向被翻译为

---

[2] 意大利语单词 animo 关系到人的心理状态,有精神、态度、勇气等不同含义,在哈维·曼斯菲尔德的《君主论》英译本中,他主要将 animo 翻译为 spirit(精神、意志、意气),另有少数几处翻译为 intent(意图)或 mind(头脑)。希腊词 humor 一般也用来描述人的心理气质,而古希腊医学认为这种气质与人体的体液构成相关,马基雅维利在他的作品中多次提到平民和贵族具备不同的 humor(气质或特质)。——译注

soul（灵魂）。马基雅维利从未对灵魂展开论述，而且他自称"关心祖国的拯救甚于自身灵魂的拯救"。所以，我想就这个问题听听您的观点。

答：君主必须唤起人民的德性来保卫国家，他必须使人民变得 *animoso*（勇敢的、充满意气的）。文艺复兴时期的意大利，君主们惯常使用雇佣军来保卫自己，但雇佣军往往缺乏 *animo*。所以，君主不仅要依靠自身的德性，还必须依靠自身的武装。在《君主论》第六章中那些伟大的建国者，他们不仅具备出色的德性，还创建并依靠了公民军。关于马基雅维利从未谈及灵魂这一点，你是正确的。

3.在演讲的最后，您提到君主要运用欺骗。其实，我们在《论李维》中也能发现相同的观点。罗马的军事将领利用宗教来欺骗士兵，并使他们坚守阵地并对抗敌人。所以，我们真的可以在马基雅维利那里，区别出共和的原则和君主的原则；抑或如一些评论家所说的，《论李维》在一本关于共和国的著作这一伪装之下，其实是另一版本的《君主论》？

答：这是一个有趣的问题，而我并不完全同意你对《论李维》这个事例的解读。在你引用的文段中，具体的情况是，汉尼拔在康奈（Cannae）使罗马人溃败之后，许多公民决定抛弃意大利。西庇阿手持利刃逼迫他们发誓不离开祖国。这里面并不存在欺骗。西庇阿所做的是在激发他们已经持有的一个观点，即冒犯神比冒犯人更加危险。他们惧怕汉尼拔，但他们更加惧怕众神，因为如果他们逃跑的话，神会因为他们背弃誓言而惩罚他们。所以这是关于在信仰神的人中间，誓言所具备的力量。这一点在马基雅维利的共和政治中非常重要。

4. 我有两个简短的问题。第一个关于《君主论》。基于我对您的作品《现代政治思想的基础》一书的理解，您不认为马基雅维利在《君主论》一书中描述的德性是不道德的，也不赞同列奥·施特劳斯的解读。您认为维持国家是一种现代德性吗？第二个问题关于《论李维》一书中讨论的德性，马基雅维利多次谈及了政治体和民众具备的德性。您能否略加阐释。

答：我想先回答第二个问题。《君主论》和《论李维》两书最大的差异并不在于它们组织全书的概念不同，德性在组织《论李维》的论点时发挥了和《君主论》中同等重要的作用。但是，在《论李维》中，至关重要的并不是君主的德性，而是人民的德性。因此，整个城市可以拥有这种品质，并将因此变得荣耀和伟大；如果缺乏这种品质，它将变得腐败。马基雅维利对其所处时代的腐败忧心忡忡，他关注如何重新激活人民的德性，以便维持共和国。因为在整个意大利没有多少共和国了，佛罗伦萨也在崩溃的边缘。腐败是如何产生的是一个重要的问题，它是德性的反面。关于第一个问题，施特劳斯在《关于马基雅维利的思考》一书中将马基雅维利称为"授恶之师"。我不依循这个观点的原因在于，我们能在马基雅维利那里发现或许可以称之为"邪恶的经济学"的东西。统治者的抱负是要尽可能地具备德性，但实际上德性能够带来荣耀这一古典观念是一个严重的错误。尽管不是在所有情况下都是错的，但这种观念在绝大多数情况下都是错的。在《君主论》第十八章结尾，马基雅维利使用了意大利语自反动词 volgersi（改变自己、转变自己），即转向或是转变立场来描述一个具备真正德性的君主。因为在马基雅维利看来，一个君主必须知道何时具备德性，何时不具备。所以，马基雅维利并不是在宣扬邪恶，而是在提出一种现实主义的观点，即德性能够带你前行多远。德性虽然能够带领你前行一段足够远的路程，但并不能伴随你到底。他并不反对德性，而是认为你无法始终是正义的、仁慈的、慷慨的等等。

5. 我有两个问题。首先，在马基雅维利之前，已经有很多人文主义者撰写过相似的著作，向政府提供建议，所以马基雅维利的特殊之处在哪里？其次，解读马基雅维利的著作也有很多，您认为您自己的著作与其他人的著作有何不同。能不能把您的著作也置于某种语境之中，它反映了我们当今世界的何种特点？我们的世界是一个具备更少腐败的世界吗？

答：你提到的第一点非常重要。人文主义者撰写的向君主提供建议的手册隶属于一个庞大的文学体裁，我想在中国也一定有这种传统。这种体裁好像给君主提供了一面镜子，使他观照自身的实际情况，因而通常被称为 *speculum principis*，(君主之镜、君主镜鉴)。许多人文主义者撰写过这类著作，而荣耀、命运等概念在这些著作中也得到了讨论。马基雅维利与他们不同的地方，是他对下述这一观点的拒绝，即政治德性始终是带来政治成功的工具。这一观点在其他君主镜鉴体裁中并不成问题，例如伊拉斯谟在《论基督君主的教育》中认为，培育所有的政治德性是为一个成功的君主所必需的，政治德性在获得政治成就方面不存在局限。拒绝这一点，正是马基雅维利引发极大震惊的原因。马基雅维利在《君主论》第十五章指出，他知道已经有很多人就这一主题写过很多东西，而他要说的将与他们大相径庭。关于第二个问题，我似乎是最不适合来加以回答的人，所以我想我就暂且不回答你了。(笑)

6. 我记得在《现代政治思想的基础》一书中，您认为《君主论》和《论李维》两本书形成了严格的对照，它们提出了不同的政治思考，对佛罗伦萨的政治危机提出了不同的解决方案。您将这种转变归于某个单一的政治事件，即马基雅维利不受美第奇家族青睐，因而他改变了他的想法。我的问题是，您为什么将这种观念上的转变归之于一个单一的政治事件。在我看来，可能其他方面也出现了变化，比如他对古典作家的阅读改变了他的想法。

答：我想这两方面都是存在的。毫无疑问，马基雅维利写作《君主论》时，伴有重返公共生活的强烈渴望。他写完这本书后，给他的朋友弗朗切斯科·维托里写了一封非常著名的信。在信中他说，他最大的愿望就是这本书能被呈送给美第奇君主们，这对他们来说将是一本有用的书。在书中，他甚至有这种似乎非常奇怪的讨论，他认为最值得君主信任的人，正是那些来自前朝而最初受到君主怀疑的人。马基雅维利希望重返政治生活，而在当前条件下，毫无疑问是君主政体下的政治生活，因为共和政体已经被废除。马基雅维利努力适应这个君主的时代，希望投身于政治之中。但是，我认为，这并没有奏效。而不久之后，他希望思考自由政体（free state/*vivere libero*）这个概念。一个由君主统治的国家是不自由的，因为它是由专断性的权力统治的，臣民处于奴隶而非公民的状态。只有在一个共和政体下，你才是自由的。这个观念赋予了《论李维》这本书生气和活力，也赋予了这本书的作者——已经放弃了重返政治生活的野心——生气和活力。所以，你或许可以说，这暗示了马基雅维利在根本上是一个共和派。而我认为这是对的，他的理想是他所说的自由政体。但正如我在回答第一个问题时已经说的，这并不意味着两本书的道德观念有何不同，任何能拯救一个共和国的方法都应该被采用。《君主论》把这一理想放到了一边，它对自由这一观念不感兴趣。《君主论》第一段说，在君主政体之下不可能有自由存在，而我现在要谈的正是君主政体。

7. 在您的小书《马基雅维利》的导言中，您提到了基辛格，否认他是一个马基雅维利主义者。我想知道的是，您能否在现实政治中找到某个人物，他能够被视为一个真正的马基雅维利主义者。

答：我知道基辛格曾接受过一个访谈，他因自己被视为一个马基雅维利主义者而非常震惊，并且极力否认自己受到马基雅维利的影响。我想基辛格想到的是一种流俗的马基雅维利形象，认为马基雅维利鼓吹君主应该欺骗民众，以及我在演讲最后五分钟提到的那些方面。这种凶残、狡诈的马基雅维利形象，是文艺复兴时期的观念，并且一直流传下来。这显然是基辛格想到的。马基雅维利从没有使用过"目的证明手段正当"这种表述，他说的只是目的能为手段提供辩护。因而，如果我们将"马基雅维利主义"的根本要旨理解为，一个好的目的能为恶劣的手段提供辩护，那么或许当代政治家都或多或少相信这一点。

8. 在君主国与共和国这一区分之外，您认为还存在其他选择的可能吗？马基雅维利会偏好一种混合政体吗？我认为，他在

《论李维》中提到，在一个腐败的国家中，需要一个独裁官或是一个强势的首领；而在一个健康的国家中，人民会是这个国家最好的护卫者。他甚至提到，对周边国家来说，共和国相较于君主国在扩张领土方面可能带来更大的威胁。我的问题是，您认为马基雅维利事实上偏好哪种政体？另一个问题是，我想知道您如何解释，马基雅维利献给君主的《君主论》在当时为何没有被很好地接受。

答：你提出了一个关于政体思想的有意思的问题，你所说的关于《论李维》的内容都是正确的。但在《君主论》中，马基雅维利首先说的，同时也是很不寻常的事情便是，所有的国家要么是君主国，要么是共和国。这就是他所说的全部。之后他谈到有些君主国是世袭，或者是全新的。但基本的框架仍然或是君主国，或者是共和国。混合政体或是君主国自称为自由政体，这些观念在下一代构成了欧洲政体辩论的重大问题，但它们在《君主论》中没有扮演任何角色。至于《君主论》为什么没有被接纳，其实我们无法确切地知道其原因。但是，我认为在当时告诉君主放弃传统人文主义的教导，美德并非始终有效，必须背信弃义等，必然造成了极大的震惊。没有君主会公然承认这就是他们的政治哲学，尽管他们事实上是这样行事的，他们也不会认为他们应该这样行事，这对当代政治家来说同样如此。所以《君主论》没被接纳并不使我惊讶。它遭到忽视的另一个原因，我想是因为《君主论》的呈献对象是美第奇家族的年轻君主。而他们并非有前途的君主，甚至可以说无可救药，他们并不准备接纳任何类型的建议。

9. 在我们现代社会应该如何思考马基雅维利呢？弗朗西斯·福山曾预言"历史的终结"。另外，在现代社会，随着科技的发展，个人信息也似乎更容易被追踪和掌控，我们如何才能信任那些有可能掌控这些信息的少数人呢？

答：我想，如果我们希望回答有关马基雅维利和现代社会关系的问题，最根本的问题仍然是道德和政治的关系。对于马基雅维利对政治的分析，我们比他的同时代人更少感到震惊，但这对我们来说仍然是一个问题。关于福山的书，现在来看似乎有一些荒谬，不是吗？关于存在一个现代性的方向，朝向全球化、人民共和国，变得同质等等这些观念，西方最近几年的历史似乎更像是一种逆转，这个故事正在被各种形式的民族主义、欧洲以及美国的极端反民主势力所替代。福山的故事似乎进入了一个新的循环，而他似乎本应认识到这就是政治的运行方式。我承认，我意识到最近在欧洲发生的一些事件，在土耳其、匈牙利、波兰以及我自己的国家，民主制承受着极大的压力，人民在政府中的位置承受着极大的压力。我很惊讶地发现这些重新遭到质疑，但它们确实正在遭到质疑。我想即使是福山自己也逐渐发现，他只给出了部分的分析,他描绘的线路图并没有完全展开。

10. 我希望听您再多谈一谈《君主论》和《论李维》的关系。马基雅维利毫无疑问区分了世袭君主和新君主,而在我看来,他进一步区分了创建和维持一个君主国的新君主。一种使《君主论》和《论李维》协调一致的简便说法是认为,维持君主国的最好方式将是借助于共和国。

答:这个问题关系到《论李维》在哪里与《君主论》分道扬镳,我们可以做出两个观察。如我们在此前已经提到的,它们共享了一种政治道德,它们也都认为政治的最终目标是荣耀,特别是军事荣耀,这意味着扩张和帝国非常重要。在《论李维》中得到了详细讨论的两个问题,在《君主论》中是缺失的。一个你或许可以称之为政体的内部情况,《君主论》只关涉到君主,他掌控着他的国家;但在共和国中,是人民掌控着国家。而这就需要马基雅维利所说的"法律秩序"(orders of law/ *ordini*),而问题也便成为何种政制秩序最有助于共和国的伟大。但这个问题在《君主论》中完全没有得到讨论。另一个关键区别和我在一开始谈到的东西相关,《君主论》假设一个国家能在君主制下或是共和制下变得伟大,而在《论李维》中,国家的伟大被认为依赖于公民的自由,而自由要求自我统治。我在下一次讲演中会谈到霍布斯对这一观点的批驳,你可以将霍布斯想象成在与马基雅维利的《论李维》就如下问题展开对话，即自由和政体形式的关系。

11. 马基雅维利秉持的道德标准似乎与他的同时代人大相径庭。这带来了道德是什么以及如何定义它的问题。道德是大多数人达成的共识或是妥协吗？马基雅维利的看法与他们不同，所以被称为"老尼克"，作为邪恶思想的代名词。这也与另一个核心问题相关，即马基雅维利自己。您如何看待马基雅维利，他是道德的还是不道德的？

答：我将马基雅维利视为一个道德主义者。我不认为他意在说反话，就像卢梭认为的那样，这种观点在晚近的马基雅维利解释中大行其道。我认为《君主论》是一本情感充沛的书，马基雅维利将自己视为一个道德主义者。你或许认为，他的思考结构是如此之关于后果，而不是关于任何内在的道德或不道德的东西。在当代道德哲学中，很多人将这种观点视为一种功利主义的思路；当马基雅维利关注后果时，他确实是采用了一种功利主义的思路。有一些你力求达成的后果，而问题是达成这些目的的最好手段是什么。为了维持国家、追求荣耀，你应该怎么做？马基雅维利的回答是，有时候你以人们认为的道德的方式行动，而有时候你必须以人们认为的不道德的方式行动。而在他看来，这就是道德的结构。有些人会同意这是一种可行的道德结构，因为行动的价值依赖其结果。但如果你认为一种道德理论的结构必须是关于若干内在的善，它们必须得到尊重，那么马基雅维利便不是一个道德主义者，因为这正是他发出质疑的地方。问题会归结为你是否认为道德理论的结构可以是后果论形式的，如果你认为可以，那么马基雅维利便是一个道德主义者；如果你认为不可以，这同时也是许多人持有的观点，那么马基雅维利便不是一个道德哲学家。

霍布斯：图绘国家

朱华辉　译

　　托马斯·霍布斯（Thomas Hobbes）生于 1588 年，之后接受了欧洲文艺复兴时期典型的人文主义教育。在学校里，你基本要学的就是拉丁语，以及如何才能发挥拉丁语最好的修辞效果。如果你接下来进入大学，你将以更加深入地学习古典修辞学为起点，还包括古典诗学，特别是古希腊的诗歌，荷马则尤为重要。接下来你将转向逻辑学的学习，之后是历史与道德哲学，最后到一些所谓的自然哲学，也即我们今天的"科学"。这就是霍布斯在牛津大学期间（1604—1608）要修习的课程。请注意当时对修辞学的强调。

　　那么古典修辞学家都教些什么呢？根据修辞学家的说法，特别是古罗马最伟大的修辞学家西塞罗，最重要的是你需要理解，任何能得到论辩的问题都有其两面性。这意味着，你永远不要希望仅仅依靠理性（reason），正如西塞罗所说，因为争论双方都有着或多或少令人信服的理由（reasons）。所以如果你想赢得争论，你必须在理性（ratio）之上加入雄辩（oratio）。也就是说，你当然必须使用理性，但你必须同时试图通过一种能够激发听众情感的演说来进行劝服。所以对修辞学家来说，核心问题是：你如何影响听众的情感，使他们转向你的立场，转向你的角度思考问题。西塞罗说道，这就是修辞术要教给我们的东西。

在修辞术中最被强调的有两种手段。一是你必须学习如何组织你的观点，使其拥有最大的说服力。这是修辞学家所说的对论证的正确"制造"（invention）。二是你必须使演说清晰生动（vivid），这样你的听众才能"看到"（see）你的论证。这就是亚里士多德在《修辞学》中所称的达到实现活动（enargeia）的演说。正如西塞罗总结的，如果你想要激发并劝服听众，你所要做的是使听者（auditors）转变为观者（spectators）。那么，要如何做到这一点呢？

接下来就是古典修辞学家引入的所谓修辞格，尤其是明喻（simile）和暗喻（metaphor）。如今在英语中人们仍然将这类手法称作"imagery"（意象），也就是能够让你"看"到事物的语言。这讲得有些模糊，但其实是非常简单熟悉的东西。为了增强说服的效果，我们不应该单纯地描述（describe），而应该用修辞格来描绘（picture）事物，尤其是比喻。你不能这样说某人："他不值得信任。"这只是描述。你应该说："他是隐蔽在草中的蛇。"这个比喻——某人是一条危险的蛇——就取代了描述的作用，呈现给你一幅图画。修辞学家认为，这能更好地被记住，所以也就更有说服力。因此，除了学习修辞的规则，学生还被要求花上大学前两年的大部分时间学习古典诗学。诗人被当作最好的写作向导，他们的作品有着富于劝服力的生动性，是达到"实现活动"的。这也是为什么荷马被视作最伟大的诗人。正如西塞罗所说，荷马从不描述，他总是在展示，总是给你一幅言说的图画。对此，贺拉斯说道："诗如画"（ut pictura poesis），以此总结整个美学理论。

这就是第一个声明：使用语言的技艺，以让听者看到你的论证。

但在文艺复兴时期，随着印刷术的兴起，我们有了另一个宣称：让听众成为观众，最好的方法不是使用修辞格（figures of speech），而是真正的图画（actual figures）。这是对你观点的直观呈现，这样你就能用一种极为有力而令人印象深刻的形式来呈现你的观点，不是借助写作与口传文本，而是借助图像。当然，如果西方的语言是像中文一样的表意文字，那这一观点可能没什么重要的，因为[中文的]书写形式本身就是图画。但在16世纪的西方，书本的印刷制作有了两种重要的发展方向。

首先是一种广受欢迎的表现形式的出现——寓意画本（emblem books）。在16世纪中期以后有数千册这类作品得到出版。这些书本大多呈现道德与宗教的主题，其中道德劝诫通常被写成韵文放在书页的一面，反面则是相应的图画。另一个发展方向则是 16 世纪中期出现在英语书上的卷首图（frontispiece），图画被插入在书本的开头，用于概括书本的思想观点。"Frontispiece"在 16 世纪的英语中也有"建筑物的门面"（facade of a building）之义，特别是像重要建筑被加以装饰的入口。所以"Frontispiece"也被比作书本的门径（gateway）。应用于书本，就有了一个比喻：卷首图是书本令人印象深刻的入口，所以早期卷首图经常是画成一种门径的形象——进入书本的门径。

那么霍布斯在这一进程中处在什么位置呢？霍布斯的哲学很少被联系到文艺复兴的修辞文化，而更多地与所谓的 17 世纪的科学革命联系起来，后者是指由伽利略、笛卡尔与艾萨克·牛顿所组成的革命年代。这并没什么错。霍布斯是数学家、物理学家和政治哲学家，他熟识并敬畏伽利略，也认识但厌恶笛卡尔。而且，霍布斯声称他 1642 年的作品《论公民》（*De Cive*）是第一本真正的政治科学著作。尽管如此，我说过，霍布斯基本上是文艺复兴晚期古典教育，特别是修辞学教育的产儿。重要的一点是，在他漫长的一生中，他一直保留了早年接受的这些人文主义教育的痕迹。在霍布斯的人文主义抱负中，最清晰的莫过于他对哲学思想的视觉呈现的持久兴趣。他典型的人文主义式要求就是要去展现（show），而非仅仅论证与描述。霍布斯让人们看到他观点的方法在他的两本著作中展露无遗。一是 1642 年发表的拉丁文版《论公民》，二是于 1651 年发表的英语世界最伟大的政治理论作品《利维坦》。两部作品都有意义丰富且精妙绝伦的卷首图，用于介绍霍布斯的观点。对我而言，它们最好地展现了两本著作复杂的政治观点。现在我想集中在《论公民》和《利维坦》的卷首图上，以解开霍布斯关于政府与国家理论的秘密。

首先是 1642 年《论公民》卷首的插图（见图 1）。该图画是法国版画师让·马修斯（Jean Matheus）的作品，他也是该书的印刷者。写作《论公民》时，霍布斯正因英国内战而流亡巴黎，内战的爆发和该书的发表都在同一年——1642 年。可是，你们也许会怀疑是否能够假定霍布斯曾参与，甚至是许可对他观点进行这种描绘的做法。理由当然是有的。

这（图 2）是霍布斯在 1641 年《论公民》印刷出版前呈给他的赞助人达文郡伯爵（the earl of Devonshire）手稿上的卷首图。正如你们看到的，这基本是相同的设计。换句话说，马修斯一定是在早期画作的基础上进行的创作，霍布斯本人也对该幅作品负有责任，并且他也一定同意使用该图像。

让我们从这幅草图回到 1642 年《论公民》上的蚀刻画。你们看，它有着一个规范与空间双重意义上鲜明的上下结构。图画被一个门楣结构分开，上面刻着"RELIGIO"（宗教）字样。霍布斯的图像告诉我们，整个人类生活处在宗教之下，我们要记住，我

图1 《论公民》卷首图,1642 年

图2　霍布斯《论公民》手稿中的卷首图，1641年

们最终将被那些高于我们的力量所审判。

让我们先来看看上半部分的"审判"图景。这完全是传统的图像，与德国传统中如丢勒（Dürer）、克拉纳赫（Cranach the Elder）与布鲁盖尔（Breugel the Elder）所绘末日审判图景紧密合应。霍布斯的画尤其受惠于丢勒1511年一幅著名的木刻画作《耶稣受难》（*Passio Christi*）（图3）。丢勒的画表现了：

——身处信众之中的天使；

——在那些得救的人中一个引人注目的长发裸女；

——受一束光指引的集会；

——还有在云端之上被敬拜的耶稣。

这些特征都被霍布斯重复。

我们现在转向画面的下半部分。我们又看到了相当传统的图像，它使我们想起了典型的修辞学观念：任何问题总有分立对峙的两面。我们看到两个人物相互对立，表明有一个问题需要两方辩驳。这个问题（霍布斯视其为政治哲学的核心）就是：我们究竟是应该服从某个至高无上的权力，还是保持自然自由（natural liberty）的生活？ 如果我们选择服从 *Imperium*，也就是服从一个最高统治权力，会怎么样呢？

画面告诉我们，[这样的话]我们就可以预见一个建立在正义之上的生活。该图左下方的人物基座上写着"IMPERIUM"（最高统治权力）。代表 *Imperium* 的人物是一个主权者，她头戴皇冠，

图3　丢勒绘，《耶稣受难》，1511年

左手高执惩罚的利剑，右手持天平，象征着分配正义。如果我们愿意将权利交托给这样的统治者，我们可以得到安全与繁荣，这也是 Imperirum 被置入的场景中所描绘的生活。在背景中，我们能看到一座山巅上阳光照耀的城市，而在前景中人们拿着镰刀在丰饶的土地上和平地收割。

倘若我们选择了 Libertas（自由）呢？如果我们注意一下文艺复兴的寓意画，我们就会发现自由被视为最好的生活状态。这（图4）是一幅博洛尼亚人阿基勒·波齐（Achille Bocci）于 1574 年创作的寓意画书《符号议题》（Symbolic Questions），其中，Libertas 顶着头盔，身披古代战甲，旁边的狮子强调，在共和的自由城邦博洛尼亚，自由是一股征服与统治的力量。在图中的一本书上，我们可以看到这样一句话，"这是博洛尼亚教给我们的"。

切萨雷·瑞巴（Cesare Ripa）1611 年的作品《图像学》（Iconologia）（图5）向我们展示了一个得到修饰的版本。和从前一样，"自由"身披甲胄，手持权杖，表达了自由的统治，帽冠代表她摆脱奴役与独立状态。画中还有只猫在她身旁，猫尤其喜欢自由，我行我素。

形成鲜明对照的是，《论公民》中的卷首图提供了一个关于自由的史无前例的新观念。自由是应该避免的状态（图6）。霍布斯警告我们，如果我拒绝服从主权来保护自己，我们就要准备自己保护自己了。弓身耸肩的 Libertas 保持自保的身姿，左手执长

霍布斯：图绘国家 | 071

图4　阿基勒·波齐绘,《符号议题》插图,1574年

图5 切萨雷·瑞巴绘,《图像学》插图,1611年

弓,右手执箭矢。自由不再有任何得意洋洋的统治力量的意涵。此外,图画还警醒我们,生活在自由中,就是让我们陷入野蛮与危险。与 Imperium 宁静的表情不同的是,Libertas 的脸被焦虑情绪所扭曲。而相比 Imperium 身着古典的华袍,Libertas 衣着原始。传统中伴随自由而来的安全与社会进步的暗示均已消失。

霍布斯警告我们,自由的生活不过就是野蛮。其画作的视觉

霍布斯：图绘国家 | 073

图6 《论公民》卷首图局部

呈现来源是那些自由但却据说是野蛮的北美土著人,他们刚被欧洲人发现并研究。在切萨雷·瑞巴的《图像学》中有着一个这样的来源——一幅题为《美洲》(America)的寓意画(图7)。与《论公民》的卷首图一样,瑞巴展示了一个半裸的女性,她也手持弓箭。德·布莱的一幅版画则展现了北卡罗来纳的阿尔冈昆酋长的形象(图8),我们能看到他的前后两面,他置身于引人注目的狩猎背景中。《论公民》的插图重复了德·布莱场景的几个特征,但

图7　寓意画《美洲》

图8 德·布莱绘版画，Thomas Harriot, *A Brief and True Report of the New Found Land of Virginia*，插图，1590年

同时将其改换得更加险恶。

你们看，德·布莱所画的狩猎图景中，四个勇士拿着弓箭射向一只鹿。但霍布斯的图却展现了三个近乎裸身的人，两个装备相近，他们在射击两个逃命的人，还有一个人做好用棍棒击打的姿势。

现在，正如我开始时说的，插入卷首图是为了总结全书的观点。那么霍布斯所总结的是什么？虽然自由生活显得很吸引人，但选择自由却非常不明智。服从最高权威可能违反你的直觉，但却是最有利的。

《利维坦》中的图像

在 1642 年出版《论公民》之后，霍布斯转回科学研究，参与到与笛卡尔的争论中去，并准备完成一个有关心灵与世界的纯粹唯物主义的理论。但在 1649 年，英国人结束了自 1642 年由处决国王并宣告英国为共和国而开始的内战，仍在巴黎流亡的霍布斯感到他必须回应一系列革命性事件，所以他停下手头工作，着手写作《利维坦》。该书出版于 1651 年，就在霍布斯返回英国前不久。

霍布斯再次选用卷首图开场来总结全书观点。结果，一幅几乎是现代欧洲政治哲学史上最著名的关于国家与服从的作品问世（图 9）。这是一页对开大小的蚀刻画，在该书封面的背面。

和讲解《论公民》插图时一样，我先来说明霍布斯是否同意甚至参与了该画的设计成型。这（图 10）是霍布斯在 1650 年年末在该书付梓前六个月所绘的卷首图。它是《利维坦》独一无二的插图，现藏于大英图书馆。霍布斯在 1650 年呈给未来的国王查理二世，当时他也因英国宣布成立共和国而流亡巴黎。这一版本是画在牛皮纸上的墨汁画。但对我来说，重要的是它和出版时的样子基本一致。所以我们可以肯定，霍布斯一定首肯了这幅

图9 《利维坦》卷首图,1651年

图10　霍布斯《利维坦》手稿中的卷首图，1650年

作品，而且可能还参与其设计。至于画师本人，其名为亚伯拉罕·波瑟（Abraham Bosse），算是17世纪中期法国最有名也是最多产的蚀刻画师了。霍布斯也和他相熟，而且霍布斯的住处离波瑟40年代在巴黎的工作室也很近。

我们现在看看这幅作品，注意它所处的多重语境。想要准确地鉴赏这幅作品，关注其语境是很重要的。首先一个语境是霍布斯早期作品的几幅插图，尤其是《论公民》的卷首图。这幅作品让我最感吃惊的地方，是它完全抛弃了霍布斯早期关于政治论辩中最核心问题的认识。当然，《利维坦》插图有一个重要的延续：两部作品都凸显"最高统治权力"（*Imperium*）与"最高权力"（*Suprema Potestas*）的形象。当然它们仍然是以不同方式呈现的：《论公民》中的 *Imperium* 是一名女性，虽然它在拉丁语中是中性词，但"Libertas"是阴性词，所以这与 *Libertas* 保持了对称。相比之下，《利维坦》中的巨人头像毫无疑问是男性的，但他也非常清楚地意欲代表 *Imperium* 与 *Suprema Potestas* 的承担者：他同样头戴皇冠，挥舞着正义之剑，在头部上方是《约伯记》的经文，写道："在地上没有像他造的那样无所惧怕。"[1]表明我们所看到的就是主权的代表。

可是，两幅图画的区别仍然十分明确。你可能预想 *Imperium*

---

[1]《圣经·约伯记》(41: 33)。译文采用中文和合本。

图11 《图像学》插图 Potestà，1611年

或者 Postestas 有着古典的姿态与衣着。比如通过观察瑞巴的《图像学》中的一幅题为 Potestà 的插图（图11），我们可以看到，《论公民》的卷首图也沿用了展现最高权力的古典的飘逸的长袍。但相形之下，我们在《利维坦》的插图中没有看到任何古典的要素。与瑞巴的画类似，巨人有象征教会与政治权威的标志。他左手持主教的牧杖，代表教会权威，右手执正义之剑。但他没有身披长

袍。事实上他什么也没穿，因为他的身体不是自然人的身体，而是一个由其臣民组成的政治体（body politic）。

另一个惊人的反古典要素，则是霍布斯已经完全抛弃了存在两方辩驳的修辞学观念。回顾一下，《论公民》中对于我们是服从最高统治权力，还是保持自然自由的问题存在两种意见。但在《利维坦》插图中并没有另一种方案的暗示。展现在我们眼前的是选择以后的结果。或者说——这是一个重要的政治观点——并没有什么真正的选择。

而更为惊人的改变是霍布斯画中末日审判的位置。这在《论公民》的插画中占据着主导性地位，而在《利维坦》中却彻底消失。不仅如此，《论公民》中 Imperium 的人物仍然低于宗教，但如今我们被告知，象征 Imperium 的巨人不在任何人或者任何事物之下。《约伯记》的经文说他是 super terram，即超越地上的一切。也就是说，真正惊人的转变在于，Imperium 概念已完全呈现为世俗概念。

我接下来希望考察《利维坦》背后，由人文主义寓意画提供的更广阔的视觉呈现语境。其中一个重要的表现规范是为表明书本的标题值得保护与支持。这些支持者经常表现为军人的形象，往往放置在古典风格的石柱一旁，站立在标题的旁边。典例有埃德蒙斯（Edmunds）1610 年出版的《尤利乌斯·恺撒〈内战记〉评注》中的插图（图 12）。你们可以看到对阵双方庞培（Pompey）

图12 《尤利乌斯·恺撒〈内战记〉评注》插图,1610年

与恺撒全副武装相互对立。但同时他们也是书本的支持者：他们立于柱子的旁边，意味着他们是充满力量的支柱，他们举着书本，支持并保护着标题。

再比如霍布斯翻译的伯罗奔尼撒战争史的卷首图，出版于1629年（图13）。我们又看到了冲突的双方：斯巴达王阿基达姆斯（Archidamus）站在左侧，全副武装，正对着右侧雅典民主政体的领导人伯里克利（Pericles）。他们也是书本的支持者：他们站在石柱旁边，举起书本，支持并保护着标题。还有乔治·查普曼翻译的荷马《伊利亚特》中的插图，出版于1613年，是最早的英译本（图14）。同样有对峙的两方，对峙着的英雄武装起来相互对立：特洛伊的领导人赫克托耳（Hector）与左侧的希腊领导人阿喀琉斯（Achilles）。他们也同样是书本的支持者。

这些规范在《利维坦》中情况如何呢？这里出现了一些引人注目的元素。一方面，我们看到两侧的柱子只处在插图下半部分，两根柱子由图画组成，其上还有一道门楣。但是另一方面，虽然我们期望看到支持标题——利维坦国家——的人物，我们看到的却是国家的死敌在环绕着标题。这些敌人通过两侧的柱子上带有寓意画典型风格的图画描绘出来。霍布斯希望我们不仅从上至下观察这些图画，也要注意两侧的对比。首先在左边，我们看到的是强大的政治臣民的威胁，左上方我们看到城堡以及从中开火的大炮，其下则是象征贵族权力的冠冕。横向地看，在右上角

图13　霍布斯译，《伯罗奔尼撒战争史》卷首图，1629年

霍布斯：图绘国家 | 085

图14 乔治·查普曼译，《伊利亚特》，1613年

能看到教堂,也同样是危险的敌人,其次还有象征着来自教会主体的威胁的主教法冠。

在这些图画下方的画作通过视觉象征揭示了教会与贵族的声称是如何得到支持(upheld)的(图15)。从左边柱子的中间往下,我们看到了一个大型炮筒直指国家(Commonwealth),下面更大的那块画板上则展现了旗帜、利剑与加农炮、火枪,还有大量带着尖头的长矛。右边柱子中间往下,我们看到一个传统的象征:雷电,其中一端也同样箭指政治联合体。下面较大的板块呈现了

图15 《利维坦》卷首图局部,1651年

同样尖利的武器：教士们的唇枪舌剑。在两侧画柱的最底部呈现的画板中，霍布斯最终通过更进一步的视觉象征揭示了国家可能堕入的最深境地——右边是正在审理案件的宗教法庭，成员头戴高高的四角帽，意味着他们是天主教牧师。法庭篡取了本应该由 *Imperium* 的承载者独享的司法权能。在左边我们看到一片战场，骑兵相互射击，长枪兵准备厮杀，贵族宗派对国家统一的挑战在屠杀与内战恐怖中达到顶峰。

我们应该如何回应这些危险的敌人呢？当时英国普遍的政治观念和所用的政治短语是，他们无论如何都必须被"压制"（kept under），比如在布丹《国家六书》（*The Six Bookes of a Commonweale*）的英译本中，这一短语就被反复使用。这也是我们所看到的。引起紊乱的力量被压制在城市之下（图9）。虽然它们阴魂不散，但是我们被告知，只要存在 *Imperium* 的单一载体，这些力量就能被压制，防止他们破坏政治生活。

巨人右手的利剑悬于左侧画柱的正上方，这意味着，只要他垄断了法律与军事力量，任何煽动性的元素都会被压制在政治生活之下。巨人左手的牧杖悬于右侧画柱的上方，相应地意味着，只要他独自掌控决定教会事务的权威，就能防止教会的领袖们挑战国家权力。

让我们来细看看上半部分的巨人图像。他的身份究竟是什么？巨人经常被等同于主权者或者国王。但这里我们看到的巨人却完全不是一个自然人（natural person），这是一个人造政治体（artificial body politic），由其臣民构成。那么我们在看的这个形象是什么？要理解这个问题，我要说说霍布斯在《利维坦》中对国家组成与建立的解释。

在我们建立国家之前，我们仅仅作为"杂众"（multitudes）活着，生活在霍布斯所说的自然状态中，其中没有法律与政府。但因为我们自然倾向于竞争，没有国家存在的生活将会是持久的战争状态，是"一切人对一切人的战争"。但霍布斯认为，我们很容易能看到解决方案，那就是所有人同意——或者如霍布斯所言通过立约（covenant）——建立一个主权者来代表（represent）我们，以我们的名义行动，使他有足够的力量保证安全与和平。

根据霍布斯的理论，立约是一个复杂的行动，因为在立约中出现了三个变化。第一，杂众的性质改变了。当我们同意立约时，我们一起授权一个主权者来代表我们，我们也就获得了一个单一主权者的意志与声音，他的意志如今就是我们的意志，而我们则授权他以我们的名义言说与行动（speak and act）。但这就意味着，因为杂众如今可以经由代表来言说与行动，杂众现在就转变为"一个人格"（One Person）。这当然不是一个真实的人，而是如霍布斯所言由杂众的联合所组成的拟制人（person by fiction）。第二，霍布斯说，当杂众转变为一个人格之后，主权者则成为这个拟制人代表。最后也是最为关键的是，拟制人——这个在杂众同意被主权者代表之时产生的人格——霍布斯称作"国家"(State)，霍布斯还给了他一个名字，"利维坦"。因此，国家是一个人，只是一个"虚拟的"人。但尽管如此，主权者——当一个人（无论男女）成为主权者时——又作为国家的首领（head of state）行事。

在我看来这正是我们在插图中看到的：一群人通过让自己同意服从国家的首领来人为制造单一的政治体。我们看到了这个联合的时刻。群众走到了一起，而且通过同意作为臣民被主权国家治理，从而被人为地制造成为一个人格。简单地说，霍布斯希望为我们描绘他关于国家的构想。

多人变为一个拟制人——政治体——的想法很有原创性。但霍布斯的从多到一的观念并非完全没有图像先例，接下来我会转向这个问题。先例是流行于16世纪末17世纪初的人形地图（anthropomorphic map）。其中欧洲的各个国家被想象为单一人身的组成部分。第一个使这种表现形式传播开来的是德国制图师海因里希·本廷（Heinrich Bünting）。他首次出版于1581年的书《圣经中的旅程》（*Itineraries in Sacred Scripture*），是一本对圣经中描述的旅途路线的研究作品。本廷在1587年重版了这本书，其中他加入了一幅木刻欧洲地图（图16）。地图出版一年后，塞巴斯蒂安·蒙斯特（Sebastian Munster）的新版《世界地图》（*Cosmographia*）中有了一个不同的版本（图17）。蒙斯特这一著名的作品首次出版于1544年，但是1588年的巴塞尔版（Basel edition）才第一次

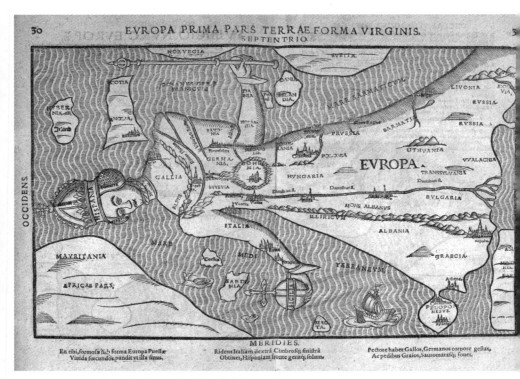

图16　海因里希·本廷,《世界地图》中的人形地图, 1587年

霍布斯：图绘国家 | 091

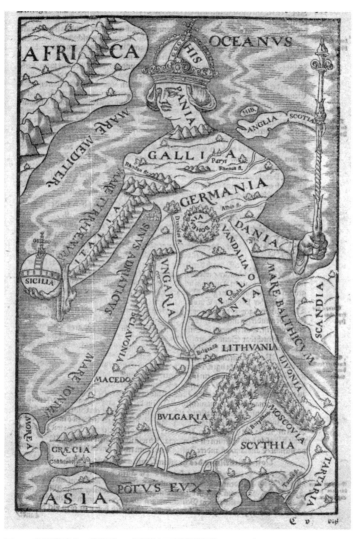

图17　塞巴斯蒂安·蒙斯特，"欧洲女王形制地图"，1570年

加入了人形地图,其后它以版画形式在 1628 年前的所有版本中反复出现。本廷与蒙斯特的地图有着大量相似之处。蒙斯特与本廷一样,展示了一位女性君主,身上穿的长袍包裹住几乎整个身体,她有着 *imperium* 的标志,头戴皇冠,右手托着一个球体,左手执权杖。而且,蒙斯特描绘了许多不同的国家,它们是她身体的组成部分,西班牙是她的头颅,德意志与波西米亚则处在她心脏的位置。但相比之下,蒙斯特有意识地给画赋予了更多寓意。本廷遵循传统的地理方位描绘欧洲,西班牙处在西边,而字体也是自西向东排列的。但蒙斯特则将地图的指向改变,使其呈现出一个站立着的人物,也更强调欧洲作为一个单一人格(persona)的观念。本廷仍然更加关心地理学上的准确性,也标记了一些岛屿——科西嘉、马耳他、撒丁和不列颠——这些岛屿还没有纳入欧洲的人格。而蒙斯特则再次着重刻画了从多到一的观念,不列颠岛被表现为欧洲权杖上的旗子,科西嘉岛、马耳他、撒丁等被抹除。结果是,蒙斯特的地图立刻唤起我们对《利维坦》封面插图的印象,同时也可以说提升了它的政治意义。霍布斯展现的是一众个人联合组成国家人格,而蒙斯特展现的则是了一众国家联合为一个大洲人格。但是我最为印象深刻的是,蒙斯特的欧洲与霍布斯的利维坦都是政治联合体的形象,其中多联合在一起成为一。

  霍布斯还希望传达给我们一个重要观点。霍布斯展现的利维

霍布斯：图绘国家 | 093

图18 《利维坦》卷首图，1651年

坦手中所执的利剑与牧杖形成了对角的强烈视觉标志（图18）。如果我们沿着这个假设继续向前，把对角延长，我们就能画出一个三角形，包围了巨人和整个插图。这个三角形的图像学意义是什么？在西方基督教传统中，三角形的三边与三角使其成为上帝的标志，而上帝则由三个位格组成：上帝有着圣父、圣子、圣灵的位格，也就是所谓的三位一体（Holy Trinity），三个合成一个。随着17世纪初期英国批准了《圣经》的大量印刷，我们能发现一些圣经的卷首图,就是通过三角形展现上帝三位一体的性质。

这是威廉·霍尔为1607年印刷的《日内瓦圣经》所作的卷首图(图19)。它是最早用三角形代表神名雅威/耶和华(YHWH)的英文本《圣经》插图。YHWH是希伯来语中上帝的标准名称。这里还有一个匿名的插图,见于1618年的英国国教祈祷书(*Book of Common Prayer*)(图20)。这同样是第一本有着三角形象征的英文祈祷书。但也许对目前的论证最有意义的事实是,《利维坦》插图的设计师波瑟也曾经使用过这个三角形的象征。这(图21)是查尔斯·德里林克特(Charles Drelincourt)的《灵魂之慰》(*Consolations of the Soul*)的卷首图,该书于1651年与《利维坦》同年出版。其上也有一个鲜明的三角形。

但霍布斯那个萦绕在图画中的三角形要传达出什么样的国家观念呢?首先,非常重要的是,我们应该将国家视为上帝。国家只是霍布斯所言的由人组成的"有朽的上帝"。但尽管如此,他在第十七章中说道,这是一个处于不朽的上帝之下的有朽者,我们的和平与安全都归功于它。第二,霍布斯确证道,与不朽的上帝一样,国家这个有朽的上帝是由三个位格组成的统一体。一个是国家首领/主权者的人格,无论男女——在图画中呈现为男性;一个是杂众的人格,杂众经由他们同意被代表的行动转换为一个单一人格,他们授权主权者以他们的名义言说与行动;一个是圣灵一般的人格,如霍布斯所说,这个人格是由杂众对主权者

霍布斯：图绘国家 | 095

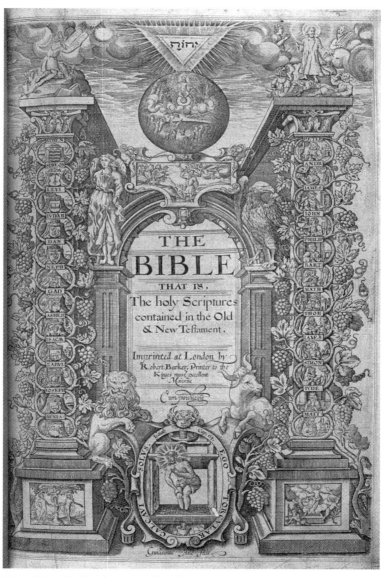

图19　威廉·霍尔绘，《日内瓦圣经》卷首图，1607年

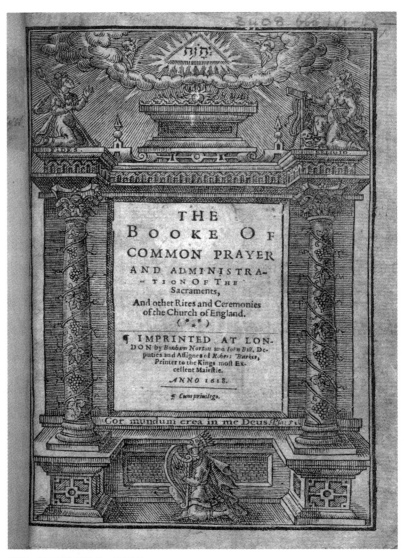

图20　英国国教祈祷书，1618 年

霍布斯：图绘国家 | 097

图21 查尔斯·德里林克特，《灵魂之慰》卷首图

的服从行动所创造的,是一个由主权者代表的人格,也就是国家的拟制人格。最后,也最重要的是,表明国家是上帝,是为了传达给我们对待国家应有的态度,按霍布斯的话说,应该心存敬畏。这种态度也恰恰在画中的人格看待政治体的方式中展现出来(图22)。

政治体中的成员都仰视(looking up to)主权者的头颅,有些人——尤其是主权者右手中的人——还有膜拜的动作。英语中"looking up to"的习语——也即怀有崇拜与尊敬的情感——已经在霍布斯的时代得到广泛使用,也经常被神学作者用来传达一种在思索上帝的恩典时所必须怀有的崇敬之情,霍布斯展现臣民对有朽的上帝的仰视与崇拜,其方式与牧师教导我们仰视不朽上

图22 《利维坦》卷首图局部,1651年

帝的样子如出一辙。一些评论家将《利维坦》中的这一图景当作是一种宗教应答的图景。但事实上，仰视国家的臣民并不认为他们臣服于上帝，而仅仅是臣服于他们自己的造物，因此他们表现出的敬畏之心完全是政治性的，比如说，没有一个人觉得应该脱帽致礼。他们仅仅是表现出对他们所受到的保护的合宜的感激之情。同时，人们常说只有男性被刻画出了服从的行为，但通过更加细致的观察我们发现女性也出现在画面中（许多人戴着边帽和披肩），还有孩童也出现了。所以在我看来，霍布斯的插图最终要传达的信息是，我们所有人对国家怀着同等的尊敬之情。如果国家没有保护我们，我们就不需要敬畏国家；如果它保护了我们，它才值得我们敬畏。

现场提问

1. 谢谢斯金纳教授为我们展示的生动图画。当我们开启国家观念时，基本有两种论证思路：一种是国家是一个政治体，有着自己的意志，另一种是国家只是一种制度，无论它有多大的权力，它都是与社会分离的，它不能拥有绝对的权力。在您的表述中，我感到霍布斯的观点似乎属于第一个思路。但也有人说霍布斯是自由主义的先驱。您对此有什么看法？

答：这是很重要的问题。的确有这样的观点，即霍布斯代表古典自由主义的国家观念：我们制造了国家，这是我们的造物，所以它要回应我们的诉求。国家是通过契约来建立的。但从霍布斯出发的自由主义传统中的国家观念和霍布斯却大相径庭，霍布斯认为国家是不同个体的名号，这是一种不可思议的想法。你说的没错，霍布斯在这里使用的是"拟制人"这一术语。国家作为一个人格只是法律的拟制。但以人的名义行事的国家却可以宣战、维持治安还有征税。尽管它是一个拟制人，它却正是权力的来源。那么一个虚拟物怎么能做这些事呢？霍布斯想说的是，所有这些都建立在代表的观点上。通过代表，虚拟物就可以以某种名义行动，以拟制人的方式行动。盎格鲁－撒克逊传统的自由主义观念从来不赞同这种想法，自由主义的国家是一种人民主权。你如果问洛克谁是主权者的话，他就会说人民是主权者，至于霍布斯，他会说国家是主权者。国家是被某些群体代表的，甚至可以是被我们所有人代表，这就是民主。霍布斯说，这都没问题，但问题在于它本身毕竟是代表。很有趣的一段历史是，直到18世纪欧洲启蒙运动结束时，大多数欧陆作家都比较接近霍布斯的思路，法国、德国的公法传统中普芬道夫、伏尔泰都认为国家是一个道德人格，可能也是拟制人格。但在英国古典功利主义传统中有着对法律拟制很强的敌意，所以国家如果确实能指代什么的话，它只能是指政府。如果看看英语报纸，他们都有关于国家的说法，但用的是比喻的说法，比如说"华盛顿反对莫斯科"，两个名词分别代表两国，这些都是虚拟。并不是真的说一个城市反对另一个城市，而是说他们的代表。而在使用国家这个词的时候，它又与政府是同义词，就是指一个政权与另一个政权的关系，也就是说特朗普反对普京。但霍布斯认为混淆国家与政府是政治中最大的错误，因为国家是一个实体，它有职责去控制政府使其为人民的利益服务，但政府本身却没有这样的职责。所以霍布斯引入国家的观念是为了引入政治义务的观念。

2. 我想问一个目前还没有完全澄清的问题。关于《论公民》的卷首图，您发现代表 Imperium 的人物手上拿着天平，这是正义的标志。而在《利维坦》的卷首图中，代表国家的人物不再拿着天平了，所以我的解读是，这意味着国家有着绝对权力，不被任何法律所限制。我想听听您的看法。

答：非常好的观察，我还没有恰当地思考过这个问题。《利维坦》代表国家的主权者与正义无关，这是你想说的，这完全正确。主权者不可能做出不正义的行为。国家可以错误地行动，但技术上说，国家不会行不义。这是因为，霍布斯认为正义就是遵守诺言，这和马基雅维利的理解一样，但我们通过契约建立国家时，国家并不是立约的一方，所以它也就与正义无涉。我没有说清楚的是，《论公民》中主权者与正义是有关的，分配正义是政治权力的表现，还有惩罚性的正义。

3. 我想问一个有关三角形的问题。我对您所说的国家的三个人格很感兴趣。一个是主权者的人格,一个是圣灵般的国家人格,而您所说的第二个与圣子类似的人格是群众的人格。在霍布斯的《利维坦》中真的存在这个人格吗?

答:是的,你可以看到图中由多到一的图景。如果人们承认主权者的话,这意味着国家的意志就算是他们的意志,他的行动就是他们的行动。如果这些人为地联合起来的人们有着统一的意志,可以统一地行动,就会形成单一人格。你看到的是大量的个体,这就等同于国家的人格,好比上帝以灵的方式存在,所以我看到了类比的可能。图中有国家的首领(head of state),由人民组成的身体(body of people),那么就会有国家了,所以这样就有了三个人格。而在《利维坦》中,霍布斯总是将它称为"The person of the state"。

4. 如果我记得没错的话,您在20世纪90年代发表了一篇文章,其中您认为国家是一个"完全人造的人格"(purely artificial person),但不是虚拟的。而今天您主张它是虚拟的,所以您的观点是不是出现了一些变化?

答:你说得对。我犯了一个严重的错误。我发表了那篇文章后,剑桥大学的政治哲学教授大卫·朗西曼(David Runciman)也发表了一篇文章,题为《霍布斯的国家是何种人格——与斯金纳商榷》(What Kind of Person is Hobbes's State? A Reply to Skinner),我不得不说,我已经接受了他的观点。我感到很惊讶的是,霍布斯没有提供一个关于国家是何种人格的解释,因为人造的人格正是主权者,主权者是代表。在霍布斯那里,人造人就是代表。我想说的是国家不能作为一个代表(representative),因为这是一个被代表的(represented)人格,所以也许我们可以发明一个术语,"完全人造的人格"。但这很愚蠢,因为霍布斯那里所有人造物都是一种代表。我看到了一个理论上的断裂,于是我发明了一个术语,但这个术语并不好。霍布斯本人说的是"拟制人"。其拉丁语来自修辞学家昆体良,这些都是修辞学术语。在霍布斯看来,所有东西都可以成为一个人格。他用了三个例子:桥梁、医院、教堂。它们都是无生命的,不能行动,但它们可以被赋予生命(animated)。顺便说一下,这也是一个很奇怪的组合。在中世纪欧洲,如果出现了一座桥梁,就意味着对行人的迎接,桥梁的另一边常常有教堂或是医院。霍布斯说它们都是人格,因为它们可以被代表,这就是拟制人的基本意义。

5. 我想问问有关国家与民族国家的问题。利维坦是一个国家还是一个民族国家?我认为这是很重要的问题。当利维坦成长为英帝国时,处在政治体中的人究竟是英国人,还是住在帝国中的任何人?

答：霍布斯很少说到"民族"，他也对领土问题漠不关心，这是一个很抽象的理论。显然，国家占据着一定领土，但他从没说过这个问题。而且在霍布斯这里，人先组成一个民族（nation），然后再组建国家，这么说是错的。没有国家的话，人们仅仅是杂众（multitudes），不过就是个体。他们联合起来建立的是国家（state）。霍布斯会说，如果建立了国家，就有了人民（people），英国人民、法国人民或是其他。但这种观念在17世纪晚期并不存在，"民族"是一个更晚近的观念。民族在拉丁语中的对应词natio仅仅指的是"出生"（to be born）。这在欧洲大学的宿舍中得到使用。为了避免冲突，大学宿舍根据学生出生的地区来分配。如果你到巴黎的大学去，你是匈牙利人，那么你宿舍的周围就都是出生在匈牙利的人。"Nation"只是一种大学中对地区的指称。而在国家中，人们认为大家都出生在同一地区，但事实上不是这样的，也没有人觉得这是对的。它并不能表明你的出生地，只能指示你生活的地方。

6.当霍布斯的作品出版时，英国正在经历内战。当时有清教徒、平等派、国教徒，而在《利维坦》的卷首图中，他说的并非天主教徒。您能否说一说霍布斯对宗教的看法，这些看法能否在图中呈现？

答：这幅图中没有宗教的身影，除了将其呈现为国家的敌人以外。对此我感到很吃惊。如果教会掌握了左右主权者教籍的能力，它就有了比主权者更高的权能，情况就会变得很混乱。所以这些要素都应该被压制。但在《利维坦》的结尾，霍布斯重新考虑了《论公民》中关于国家教会（state church）的观点。他认为这个机构应该撤销。当人们能够自由选择信仰何种宗教时，和平才能实现，这种信仰不能挑战国家，它只能是一种和平化的宗教（peaceable religion）。如果人们遵从自己的信仰，而信仰又不会产生什么危害，这将是最好的情况。所以他认为国家应该对各种信仰保持同等的宽容，只要它们不会有什么害处。但在《利维坦》中他认为教会对和平充满威胁，这些都应该被始终压制。

7. 我的问题也与宗教有关。在《利维坦》的图中，处在最高位置的宗教已经消失了，那么其中是否还存在有形的教会与无形的教会的问题呢？我说的有形的教会，是指宗教组织与宗教制度。霍布斯的观点让我想起了卢梭关于公民宗教的观点，对卢梭来说公民宗教对国家是必要的，它可以帮助激发公民的爱国激情与忠诚感，它不能是冷静理性的存在，而是事关情感的。

答：霍布斯是公民宗教的敌人。当然，他并不知道卢梭怎么说的，但他清楚马基雅维利的看法，他也对卢梭产生了影响。霍布斯并不赞赏这种共和主义的宗教观，其中宗教可以用作国家的情感基础，霍布斯极端反对这种存在。他明确宗教是情感的战场，但它应该被排除。因为国家是建立在我们理性的立约行动之上的，只有建立一个国家为我们制定法律，才能让我们摆脱持久的战争状态。我们自然倾向的竞争会让我们走向战争。我们必须认识到，如果要实现和平，就需要服从权力。这是来自理性的洞见。理性不会导向行动，导向行动的是你对死亡的恐惧，它让你理性地推知到要摆脱死亡只有依靠法律，而制定法律的唯一方法就是建立国家。所以公民宗教在霍布斯的理论中没有位置。你说到了一个很有趣的问题，因为霍布斯本人对公民宗教的传统有着深切的认识，昨天谈马基雅维利时我们说到过这个问题，但霍布斯并不想走这条路。他也是有形教会的敌人。有形教会不仅拥有权力、财富，还可以进行职位任命，如今英国的下院中还有主教的席位，对霍布斯来说，这些都对国家有着潜在的威胁。霍布斯认为必须存在一个意志，而且它必须代表你的意志，国家必须从你这里得到合法性，因为你放弃自由的唯一原因是为了得到安全与和平。这是完全世俗的契约。

8. 所以他的学说是受恐惧推动的，而不是希望？

答：不是希望。当然，恐惧和希望很相近，你对死亡的恐惧给你带来避免死亡的渴望。那么你的希望应该寄托在国家那里。国家存在的唯一理由是因为我们对彼此感到恐惧。如果没有法律，你就只能自己保护自己，而你不想这样，你希望有人保护你。这种观念来自《圣经》：对死亡的恐惧是智慧的起始。他认为确实是这样。

9. 我的问题与画中主权者的敌人有关。在《论公民》的插图中霍布斯为我们展现了两个选项，而在《利维坦》中有两种境地：贵族与教会。那么对国家而言，教会是不是更有害呢？

答：霍布斯在图中表现出的是，两者同样危险。观察这幅图你需要从上至下，也需要横向观察。但在《利维坦》的文本中，教会比贵族要危险得多。因为教会告诉你应该信仰上帝，如果你不服从教会，你就是拒绝服从上帝。霍布斯说，相比反抗国家，人们更害怕反对教会，这对国家权力是致命的。但教会不是理性的力量，对霍布斯而言它们都是胡言乱语。图画中的上半部分，国家是保障安全的法门，而下半部分则是安全的威胁。

10. 您多次提到"Representation"（代表）这个术语。在现代民主理论中，我们认为代表是一种人民的委托（mandate）。似乎霍布斯并不这样想，您可以说一说这个概念的意义与来源吗？

答：在西方政治哲学中，我们继承了两种关于"政治代表"的观点，我们仍然对此感到很疑惑。两种观点都来自古典修辞学传统。一种观点认为，representation 指的是 re-presentation（再现）。所以图画就可以是一种 representation。你可以对此发问，这个再现是否真实，是否相像。这种观点意指，你的想法将被再现，这是一种委托。因此，你会要求政治代表去反映你的诉求，比如你要求减税，你就会让代表到议会中发表你的意见。你将你的观点呈现（present）给他，而他则再现你的观点，这还是你的观点。霍布斯不这样看，他延续了不同的传统，这种代表是以你的名义言说并行动，他并不是你的委托，这种意象并非来自视觉艺术，而是来自剧场表演。霍布斯认为这是正确的代表理念。如果你赞同第一种观点，那么代表应该看起来与被代表的人相似。而代表公民全体就需要议会，这是一个微型的公民共同体。霍布斯认为这完全错误，他所说的更像一种法庭模式。在英国法律传统中，法官会问：谁代表（represent）你？这指的是谁为你辩护。代表者当然不需要和你长得像，你要做的是授权他为你说话，这是代表。他并非被委托，他们需要形成他们自己的判断去为你辩护。这是很重要的。霍布斯认为代表与相似性无关，这完全是授权问题。如果你进行授权，那么代表的意志就算作你的意志，如果你不喜欢这样，那就不该授权。这就是利维坦的位置，我们授权给他而不是委托给他。在西方我们一直没有搞清这个问题，因为选举是授权，而不是寻找委托。你授权他们以你的名义行事。在现代政党政治中，政党必须要说明他们的纲领，因为他们需要选票，这看起来又像是委托，所以我们很混乱。在美国殖民时期有段很有趣的历史，在18世纪初期，纽约州的总督代表主权者，当时的英王是安妮女王，总督认为为了代表英王，他应该穿女人的衣服，因为他必须尽力与英王保持相似。霍布斯一定会觉得很荒谬。你是被女王授权去发展殖民地，而不必和女王长得有多像。

11. 我的问题有关霍布斯理论的起点与其应用的可能性，霍布斯理论没有太多的前提条件，大概就是自然法、死亡恐惧、对生存的渴望，这些是他提供的仅有的假设。考虑到他的理论基础没有很多西方文明本身的内容，那么霍布斯的理论是否有应用于其他文明的可能呢？继而，我们应该如何看待这种威权主义理论呢？

答：霍布斯的理论是一种威权主义（authoritarian）理论，授权过程是不可逆的，而且这与正义无关，而是事关安全。但是主权者被要求为国家带来好处。国家是什么？国家就是我们。国家的义务是保护这个人为联合起来的身体，这是你授权给主权者的目的。如果主权者没有做到这一点，你就没有服从的义务。尽管这有威权主义的色彩，因为这一授权过程并非委托。但如果国家陷入内战，那么这个战争状态就重新开始了，授权过程也需要重新开始。因此，国家还是为了达成我们的目的而建立起来的。至于人民是否可以表达他们对国家不能保护自己的不满，或者强加关于国家不合法的观点，这是另一个问题，霍布斯认为这很难操作。但霍布斯直言，在这种情况下他们的确没有义务了。

12. 我对霍布斯理论的来源很感兴趣。在以下三个因素中，您觉得哪个因素对霍布斯影响最深？一个是他加尔文教的家庭背景，第二是他对自然科学的兴趣，第三是他在人文学科方面的训练。

答：如果一定要说的话，我觉得三个都很重要。他的确在宗教环境下长大，虽然并不是加尔文主义的。在那个年代，如果要进入牛津大学学习，你必须由英国教会培养。他也受到当时科学研究的深切影响，不过不是实验的自然科学，而是数学，他崇敬天文学家与数学家。但我确实认为他是个无神论者，因为在《利维坦》中他视宗教为国家的敌人，这完全是一个无神论的叙事，因此他算不上加尔文主义者。我确实认为他激发了政治科学的形成，他所说的政治科学是指去做出证明，这是一种笛卡尔式的观念。而今晚我想强调的是，在这些理论背后，存在着一种人文主义的、关于劝说的观点。他始终坚持，如果言说能够有说服力，那么图像将会更有力量。

13. 我的问题是有关三位一体的。您认为三位一体可以与国家的结构形成对比，而圣灵则可以与拟制人相互参照。如果我们认真对待这个类比的话，那么我们是否可以说圣父就是主权者，而由人组成的身体就可以视为圣子，也就是耶稣？不过，我们也知道在基督教中还有另一个著名的比喻：耶稣作为头部而教会作为身体。这两个比喻如果都成立的话，其中是否有冲突呢？

答：非常感谢！很好的一组观察。我经常考虑第一个比喻。我觉得文本上并不支持将这个比喻推进到这么深的程度。比如说国家的首领可以是一个女性，霍布斯甚至对此想法有些许偏爱，因为国家应该有审慎的品质，而女人则比男人更审慎。你所说的第二个比喻非常重要，但我还没有看到它对霍布斯的影响。在早期教会的理论中，耶稣任命彼得作为教会的首领时，教会被比作人身，而他则是教会的代表，他赋予教会以人格。教会作为一个信仰的统一体，是拥有人格的。这个比喻在霍布斯这里也非常明确。但我还没有完全解开这个问题，也许你可以试一试。这非常有趣，因为今晚所说的许多政治哲学概念都来自于基督教教会，原来是为了解释教会的运行，他们希望将这些概念应用于国家。

霍布斯及其批评者：自由与国家

赵雨淘　译

在上一次演讲中，我讨论了霍布斯的国家理论，尤其是他用图像方式表达自己政治哲学核心理念的尝试。对霍布斯而言，当杂众（multitude）结合成一个人格（person）时就称为国家；这一统一体（unity）是他们同意某人作为自己的代表、以他们的名义说话和行事而形成的。由于那个人（即主权者）的意志等同于他们所有人的意志，人民就有了一个单一的意志，通过主权者来予以表达。这样一来，"杂众"就不复存在了——他们不再是许多人，而是一个人格。如果一群人转变成了由主权者代表的一个人格，我们就得到了国家。这就是霍布斯眼中现代国家概念的意涵。

不过，上述理论为霍布斯留下了一个重要的问题，就是个体成员在国家之中的地位问题。我们在上次讲座中已经看到，在一群人同意将自己组织成一个国家之前，他们处在霍布斯所说的"自然自由"（natural liberty）状态，因为他们并不服从法律。他们可以为所欲为，在行动时不受任何法律义务或限制的约束。正是在这一意义上，他们是自由的。而一旦他们建立了国家，他们显然也就建立了一套法律体系。那么，他们的自然自由到哪里去了？是继续存在，还是完全丧失，或是部分存在？国家建立起来后，个体的自由下落如何，就成了一个问题。正如霍布斯的国家理论开启了英语传统中围绕国家概念的思考，霍布斯的自由理论也开启了英语世界以及更广阔的盎格鲁 - 美利坚传统对于国家中的自由的思考。

《利维坦》第二十一章题为"论臣民的自由"。关于如何理解政治自由与国家权力的关系，这一章文本引燃了我们今天要讨论的、发生在霍布斯及其各种批评者之间的无穷争论。现在我们首先看看霍布斯如何看待政治哲学的核心问题——你与国家的关系。霍布斯是用现代西方思想一般称为"自由主义"（liberal）的方式来思考这一问题的，我把霍布斯的观点看作自由主义式个人 - 国家关系理论的一个版本。这种所谓的自由主义式理论是一个非常简单的理论，实际上只有两个构成要素（component），我把要点列在这里：

个人要享有国家公民的自由，必须

1. 有**力量**去行动，以追求特定的选项（或至少其替代方案）。

2. 在行使力量时**免于外力的干涉**。

这就是我所说的自由主义式个人自由概念。它提出，个人要享有国家公民的自由，就必须具备两个条件。首先，个体一方必须要有力量（power），所谓力量说的是去行动的力量（power to act），他们必须要有能力（capacity）去追求一个选项。实际上，对霍布斯来说，并不一定要有一系列的选项，只要还能在两个选项中间选择一个，只要还有替代方案，我们就有行动的自由。因而力量就是去行动的力量，尤其是追求一个或另一个选项的力量。同时，当个体行使自己的力量时，必须不受任何外力（external agencies）的干涉（interference）。我使用"外力"一词是因为，对霍布斯而言，干涉可以来自任何外力：一个人、一个群体（group）、一个法团（corporation）、国家本身或者自然，都可以对你的行动力量进行干涉。这就是自由主义式的个人自由概念。

现在我们分别考察这两个要素。霍布斯真心实意地认为，如果你没有去做某事的力量，讨论你是否拥有做这件事的自由就毫无意义。这一观点与英语政治哲学的一个强大潮流正相对立。该传统认为，如果你没有能力去做某事，你就是没有自由去做。当代英语世界中许多重要的政治哲学观点正是建立在这一基础之上，例如阿玛蒂亚·森（Amartya Sen）在其杰作《以自由看待发展》中一开篇就分析了自由的概念，把自由与经济和社会发展联系起来谈。他说："如果你没有能力去执行（perform）特定的行动，你就没有自由去执行它。"霍布斯完全不同意这个观点,当然我也不同意。霍布斯认为这不是思考自由与力量的正确方式。设想一个没有人能执行的行动,比如说在水上行走。如果你缺少在水上行走的力量,霍布斯当然承认你没有在水上行走的自由,但你也并不是不自由的(unfree)。如果你缺少力量,自由的问题就根本没有出现。这句话反过来说具有更重要的意义——如果你确实是不自由的,那一定是因为你的力量被剥夺了(dis-empowerd)。在当代,米歇尔·福柯的著作精彩地阐释了这一点,他认为一切关于自由的讨论都是放在关于力量的讨论之内来进行的。当你讨论自由时,你就预设了力量的存在。如果没有力量,你就既非自由亦非不自由,自由的问题根本没出现。这就是力量的概念。

那么,"免于干涉"的概念是什么意思?我们看到,霍布斯的分析实际上着眼于如何理解"力量被剥夺"的意思。力量被剥夺意味着行动的力量受到了干涉。因此,自由就是免于干涉。这解释了为什么自由在今天西方的思想传统中通常被理解为一个消极概念。自由存在的标志是一种特定的缺失(absence)。如果你问缺失的到底是什么,缺失的是干涉。免于干涉就是自由的标志,消极自由就是免于干涉的自由。

以上就是霍布斯的观点,但这并没有让我们在哲学上走得更远。如果自由在于不受干涉,那么自由就是空洞的(blank)。我们必须要关心"干涉"到底是什么意思,这并不是一个非常清晰的概念,但却是理解自由的关键。霍布斯当然也看到了这一点,他给出了非常严格的回答。根据他的分析,如果一个外力施加于某个个人的身体,使个体力量范围内的行动受到阻碍(prevented)或强迫(compelled),我们就称这个外力进行了干涉。需要注意的是,你的力量总是可以通过这两种方式中的任何一种而被夺走:如果你被强迫做某事,你不去做的自由就被夺走了;如果你被阻碍做某事,你做它的自由就被夺走了。我们总是可能受到阻碍或强迫。那么,阻碍或强迫是什么意思?霍布斯讲得非常简单,就是外力通过物理力量(physical power)使你不可能追求替代方案。这就是霍布斯对干涉概念的分析,以上均来自《利维坦》第二十一章的文本。

现在我们来思考一下霍布斯的分析。可以看到,这里隐含了一个极端重要的暗示:只有对身体/物体的干涉才能夺走行动的自由。霍布斯暗中认为,如果你只是意志受到干涉,而非身体受到干涉,你就仍是自由的。例如,当你服从法律时,你其实很清楚在任何国家中服从法律的原因:只要有法律,就有为人所知的、对违法行为的相应惩罚。正是由于你知道这件事,你的意志受到影响,你才决定不去做自己原本想做的事,因为你面临着惩罚的威胁。这是所有国家运转的方式。霍布斯认为,当你守法时,你是在自由地守法;如果你违法,你也是在自由地违法。为什么?因为惩罚的威胁仅仅干涉意志,并没有干涉身体,法律不是通过干涉身体／物体的方式而起作用的。当然，也许会有人把你拖走，但这不是法律运转的基本方式。在所有已知的国家中，法律都是靠对人的意志起作用来运转的。霍布斯说，服从国家的法律根本不会夺走你的自由。法律强制人的意志，但意志强制不是身体强制，所以你仍然和原来一样自由。霍布斯确信这一观点，并举出了一个现代道德哲学中常见的例子来予以佐证。如果一个劫匪拿枪指着你说"要钱还是要命"，霍布斯会认为，你还有选择，劫匪并没有强制你或阻碍你，他只是给你提供选择，问你"要钱还是要命"。霍布斯开了一个令人很不舒服的玩笑说，如果你选择交钱而不是送命，你不仅仅是自由地做了这件事，而且还是欣然自愿、毫不犹豫地去做的，是你自己选择了这样去做。这就是霍布斯的冷酷教条，向劫匪交钱是你意志的行使。不要讲他拿枪指着你强制了你的意志——他当然强制了你的意志，但那不是对身体的强制，而只有对身体的强制才能夺走自由。你所做的只是自由选择，这是你必须面对的。是你自己惜命胜过爱财，霍布斯认为你这样做是非常自愿的。

这就是霍布斯的分析。我们今天要给出一个福柯和尼采式的谱系，虽然目前为止还没有达到对谱系的考察，但从西欧政治哲学中这个绝对经典的起点出发，我们会看到一个谱系学故事。我阐明这个谱系的方式在于，我所讨论的霍布斯及其批评者的每一个说法都延续到了我们的时代，我在这里举出的每一个观点都有当代英语世界的政治哲学家表示赞同。近期两部关于个人自由理论的重要英文著作都完全赞同霍布斯，一部是伊安·卡特（Ian Carter）1999年出版的《自由的尺度》（*A Measure of Freedom*），一部是剑桥大学法学教授马修·克莱默（Matthew Kramer）2003年出版的《自由的品质》（*The Quality of Freedom*）。他们都是霍布斯的追随者，认为霍布斯提供了正确答案。所以，如果我们考察谱系学的线索，我们会发现它一直延续到21世纪。在英语世界的政治话语中，霍布斯主义仍在活跃。

不过你们可能会认为，霍布斯的分析看起来很疯狂，显然有什么东西不对劲。不管你怎么想，这就是下一代英语政治哲学界的直接反应：有些东西确实不对劲。我将转向霍布斯的下一代，尤其是英语政治哲学界在这一代出版的最重要著作——洛克的《政府论》（1689）。现在我们就来看看洛克对霍布斯的回应。洛克当然同意，如果你在行使力量时受到了身体上的阻碍，你就没有行动的自由。没有任何哲学家会否认这一点，如果否认它，你就会陷入斯多亚主义（Stoicism）的悖论。倘若你像西方古代的斯多亚主义哲学一样认为自由仅仅是心灵的自由（freedom of mind），你在身体上受到影响的事实当然不会夺走你的自由，但这是一个非常极端的立场，它讨论的不是政治自由，而是心灵自由。没有任何讨论政治自由的人会反对霍布斯的观点：如果你受到了身体上的阻碍，你的自由就被夺走了。不过洛克补充说，如果你的意志受到了强制，你的自由也会被夺走。在《政府论》下篇第176段，洛克说："如果一个强盗侵入我家，用刺刀对向我的喉咙，逼我立约将我的财产让渡给他，这能使他获得任何权利根据吗？"这个问题纯粹是修辞性的。在洛克看来，你显然会说"当然不能"，因为你这样做不是自由的。你确实只是在意志上受到了强制，你并不是不可能拒绝劫匪。但洛克认为，拒绝劫匪、选择送命是不合意的（ineligible）。你永远不会自发地选择把财产交出去，只有当你的意志承受压迫时，你才会这样做，对意志的压迫破坏了行动的自由。这就是洛克与霍布斯的争论。这一对话使我们看到了一个更加复杂的谱系，我把它列在这里：

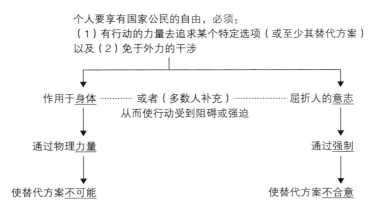

左侧是霍布斯的观点。在英语世界中，多数哲学家会补充认为，如果意志遭到屈折，那也是一种干涉。洛克支持两边的观点。

不过需要注意的是，我们现在遇到了一个在霍布斯对自由的分析中没有出现过的概念：强制。进一步说，霍布斯很聪明地避开了这个概念。强制指的是什么？它根本不是一个不言自明的术语。我在洛克的政治哲学里发现了非常奇怪的一点，就是他从来不下定义，不对概念进行分析。霍布斯热衷于下定义，在霍布斯那里，一切事物都得到了界定，这些定义彼此适配。但洛克并没有对强制的概念进行分析，他只是给你举例子，让你自己觉得那就是意志受人屈折的事例。洛克在《政府论》下篇第222段提出，强制的例子包括威胁、许诺、提供好处和贿赂，它们都会屈折你的意志，因而夺走你的自由。但在我看来，这个清单表明，我们不应该指望洛克给我们提供什么分析，因为这个清单中有一些错误——贿赂也赫然在列。如果我向你行贿，我是在强制你按照某个特定的方式行动吗？假设一个政治家因受贿而遭到指控，他却向法官证明自己不应该负任何责任，因为贿赂的数额太过巨大，以致他必须接受、别无选择？没有一个法官会接受这样的托词。所以，洛克的清单看起来不是那么完善，我们不能把那种虽然屈折了你的意志，但并非强制性（或可能并非强制性）的行为也算进去。

就我所知，直到边沁在18世纪80年代早期出版《论刑法立法的限制》（*On the Limitation of the Penal Branch of Legislation*），英语世界的法哲学家或政治哲学家还没有对强制的概念提出什么法学分析。边沁是霍布斯的铁杆崇拜者,但他赞同我们刚才举出的理论,强制会夺走自由。不过边沁认为,我们得理解"强制"这一概念的意思。边沁提议说,我们必须区分两种能够屈折别人的意志、使人听命于你的方式。第一种,你可以向他们许诺,如果他们顺从你的意志,你就会给他们回报;如果他们拒不听命,他们的处境也不会变坏。比如我说,如果你听我的,我就给你很多钱。如果你拒不接受贿赂,你不会遭受什么损失;如果你同意了,你就能得到好处。与之相反的是,有些人可能会威胁你说,如果你不顺从他们的意志,他们就会惩罚你。在这种情况下,如果你顺从了,你什么好处也得不到,你只是做了他们让做的事,但如果你拒绝,你就会遇到坏事。比如有人对你说,如果你不照他说的办,他就杀了你。边沁的提议非常简单,只有第二种方式才算是强制。只有当我面临威胁、如果不顺从就会遭到惩罚时,我才算是受到强制。

不过事情也并不这么简单,因为在边沁看来,"威胁"必须具备三个特征。第一,可信。比如有人说,如果你不做这件事他就用油烹了你,但你发现他完全是在胡说,这个威胁就不是可信的。第二,严重。比如有人说,如果你不做这件事,他会非常不安,但你觉得自己根本不在乎,这个威胁就不是严重的。第三,当下。比如有人说,如果你不做这件事,他当下就杀了你,那么你就无处可逃了。所以,如果你面临的是可信、严重且当下的威胁，你就受到了强制。这就是边沁对强制概念提出的分析：如果可信、严重、当下的威胁使替代方案不合意，你的意志就遭到了强制性的屈折。

作为思考强制概念的法哲学和政治哲学文献，边沁的分析在英语世界引发了许多讨论。上一代非常重要的美国哲学家罗伯特·诺齐克撰写了分析强制概念的重要著作。他指出，除了威胁以外，别人其实也可以用回报的方式强制你，边沁的分析并不那么站得住脚。但我认为边沁的分析基本是正确的，也是一个重要的传统。

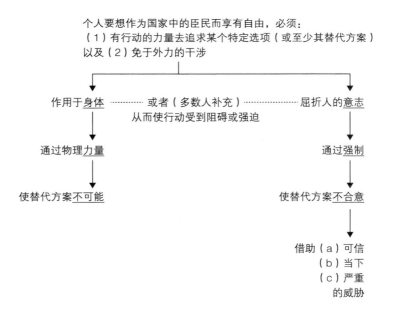

值得注意的是,如果把上述讨论添加上去,我们就改变了自由与法律的关系。我们曾在霍布斯那里看到,强制与自由是相容的,如果你受到法律的强制,你仍可以自由地服从或自由地不服从。可是现在,法律仍然通过强制来运转,但强制却是对心灵自由的强制。根据这样一种理解(也就是洛克、边沁、功利主义以及他们在英语传统中发展出来的理解),法律是自由的对立面。正是因此,我们在当代美国政治哲学中能够发现一个持续的趋势——自由主义不断转变为某种自由放任主义(libertarianism)。在后者看来,法律越少,自由就越多。此种观点显然很成问题,但在这里我们可以看到它产生的根源。

人们有时会觉得,对于国家中的自由,这种自由主义式的理解显然是正确的。在英语政治哲学界,这是一个经典的自由主义分析,也是盎格鲁-美利坚传统中一些哲学家今天仍会提出的分析。在我今天讨论的话题上,上世纪最重要的著作是以赛亚·伯林的《两种自由概念》。伯林对其中的一种自由概念提出批评(我们稍后会提到),对另外一种则予以支持。你要是问伯林怎样理解他自己支持的那种自由概念,看看我们刚才讨论过的东西就好。

然而,在英语世界的自由主义传统中,当我们的谱系从17世纪的霍布斯出发、经由18世纪的边沁发展到19世纪的讨论时,一个更为复杂的时刻来到了。这个复杂时刻的出现,缘于西方世界在这一主题上最广受赞誉的经典文本——约翰·斯图亚特·密尔的《论自由》(1859)。在这本著名的小书中,密尔做出了一个重大推进。迄今为止,自由主义传统一直支持一个在密尔看来很成问题的原则,我们在图表顶端可以看到——干涉只能来自于外力。从来没有人怀疑这一点。外力其实是多种多样的。自由是被放在你与外部世界的关系中来看的,外部世界(一个人、一个动物或者自然本身)可能会侵犯你。如果你被暴风雪隔住,没法走到演讲场地来,霍布斯会说,你当然没有来到这里的自由,因为你受到了身体/物体上的阻碍。所以外力可以是人、动物、自然力,也可以是群体、法团和国家本身。但密尔在《论自由》第三章问道,自由总是涉及人与人之间的关系吗?总是涉及人与世界的关系吗?或者,是否可能有这样一种情况,夺走你自由的那个人就是你?说你"自己夺走了自己的自由",这个观点能讲得通吗?对密尔来说,理解这个观点的意思非常重要。当然,一旦你加上这个看法,英语世界的自由主义传统就变得更加复杂。这种复杂性浮现在19世纪的政治和社会理论中,人们做出持续的努力,去理解干涉概念的这一根本性扩展。所以我们需要把它加到谱系中去:

干涉可以来自外力或者自我,你可以自己阻碍或强迫你自己的行动。但现在的问题是,你通过什么方式来阻碍或强迫自己呢?声称自我可以夺走自己的自由,实际上涉入了哲学的深水区,涉及人格同一性(identity of person)的观念。不过我们可以为这一问题提供很多答案。

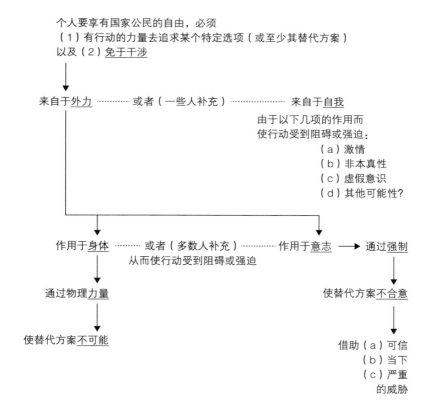

第一个答案是激情。这是一个古代的说法,和柏拉图对灵魂的讨论(尤其是《泰阿泰德篇》中的讨论)一样古老,体现了古代人对激情如何导致奴役的见解,在早期现代哲学中非常重要。

这也是洛克进一步支持的观点，不过不是在他的政治哲学中，而是在他那部英语世界最重要的知识论著作——《人类理解论》(1690)中。洛克认为，意志或者与理性结盟，或者与激情结盟。如果你与理性结盟，你就很清楚自己在做什么，你推理出了自己要做什么；如果你被激情驱使，比如嫉妒、愤怒等一系列缺点，那些出于突然的愤怒或突然的惊恐而做出的行动就不是自由的行动，你受到了激情的束缚，或者说你是激情的奴隶。这里的区别在于，你的行动不是自由的行动（action of free），而是放任的行动（action of license），自由与放任的区分是早期现代知识论中的根本区分。当然，霍布斯从来不讨论放任，对霍布斯来说，意志不可能受激情之外的任何东西驱动。但我们可以看到一个二分法，你要么出于理性而行动，要么出于激情而行动。这样你就能得出如下观点：当你受到激情驱使时，你可以夺走自己的自由。

但这并不是密尔最感兴趣的。密尔确实提到了这些，但他更感兴趣的是第二种情况——非本真性（inauthenticity）。在英国，过去对个人自由的讨论总是着眼于个人与国家的关系，着眼于个人宣告其自由空间的尝试，着眼于臣民在法律的权力面前的自由。但密尔深受法国传统特别是托克维尔思想的影响（后者在当代西方关于自由的讨论中十分重要），认为不自由的来源可以不是国家，而是市民社会（civil society），是市民社会中的一些群体，它们能强有力地决定何为为人处世的恰当方式。你可能会发现，市民社会所实施的规范已经被你内化了。在密尔写作的时代也就是维多利亚时代中期的英国,社会(而非国家)对一致性(conformity)的要求是如此强大,它使你必须按照特定方式来行动、来穿衣打扮、来为人处世,它能够决定你究竟是谁,这一事实让密尔深感不安。如果你想在生活中出人头地,你就必须接受这些规范,但这会让你成为一个非本真的人。因此,自我就破坏了自己的自由和本真性。密尔说道,"英国人以为自己是自由的,但他们宁愿选择合乎习俗的东西而不选择自己的偏好,直到他们除合乎习俗的东西之外压根不再有任何偏好,于是心灵本身被束缚于枷锁之下"。密尔认为,在社会施加给你的压力下,你对自己的选择进行本真的反思越少,你就越不自由。这一观点在 20 世纪存在主义的道德哲学中仍然非常重要,自我的本真性被视为核心的道德价值。

到了 19 世纪后期,第三种可能的回答出现了,并在社会哲学和道德哲学中变得极为重要。这种观点认为,你对自己应该如何行为的意识可能是一个虚假意识(false consciousness),所谓"虚假"指的是不符合你的真正利益或人之为人的利益(real or human interest)。密尔曾经非常接近这一想法,他提到"人类作为进步的存在者(progressive beings)的永恒利益",这种特定的利益才是你意识中的真正利益。不过密尔没有使用"虚假意识"这个词,使用这个词的是 19 世纪伟大的社会哲学家马克思。马克思的核心看法是,如果社会存在决定社会意识(这是马克思在《资本论》第一卷开篇提出的），如果你的意识是被布尔乔亚的消费主义社会决定的，你就会按照消费主义的方式来思考，这对你人之为人的真正利益而言是虚假的。这样，你就破坏了自己的自由。在我们的谱系中，这一线索同样延续到了 20 世纪乃至 21 世纪的欧洲社会哲学。作为这一观念的支持者，重要的新马克思主义者哈贝马斯认为，在一个非理性社会中，你就会得到虚假意识。

我在这里想着重指出的是，福柯曾经提醒我们，任何假设都不能穷尽所有情况，任何事物都可以从不同的角度来看。所以我在这里保持开放，欢迎你继续添加第四种可能性。我想在座各位都能想到的一种可能性是弗洛伊德的无意识理论。弗洛伊德始终把他的无意识理论看作一种关于自我如何破坏其自由的理论。对弗洛伊德而言，谈话治疗（talking cure）实际上是对不自由的治疗，这种不自由是你神经质地强加于自己的。不过我不会对此展开讨论，因为这会使我偏离英语传统、偏离霍布斯及其批评者，也偏离政治哲学和道德哲学。

我们已经看到了很多不同的思考方式，我们的考察也不再只是线性的分析，而是有了对话和争论，开始像个谱系的样子了。但需要注意的是，到目前为止，有一件事还从来没有被人质疑过——所有人都同意，力量的行使应该免于干涉。"干涉"其实是一个极为复杂的观念，它可以来自外力，也可以来自自我；可以是身体上的干涉，也可以是强制性的力量。但所有人都同意，在某种意义上，自由就是免于干涉。

然而，到了19世纪末，一些英语世界的政治哲学家开始主张，我们之前讨论的东西根本就不完善。这些哲学家（以格林、布拉德利和鲍桑葵为代表）深受黑格尔哲学的影响。黑格尔在19世纪20年代的《法哲学原理》中认为，把自由当作一个消极概念，没有认识到我们对于自由的理解应该是辩证的。在自由的辩证法中当然会有一个消极的环节，自由被当成是不存在限制，但我们还要推进到积极的环节，去追问对自由的限制到底是限制我们做什么。自由需要免受干涉，但这并不是自由的内容，"免于干涉"似乎并不包含什么内容。这些思想家想要给自由的观念一个积极内容。自由主义传统的思想家可能会认为，我们已经给了自由概念一个积极内容，因为如果你没有受到任何干涉，你就可以为所欲为。为所欲为，去行使你的意志、去行使你的力量，这就是自由的积极内容，它是完全开放的。这是一个很好的回答，但却不是一个黑格尔式的回答。黑格尔式的回答偷偷引入了一个重要的附加前提——人性具有规范性，有一些特定的行为方式是人性的，其他行为方式则不是。黑格尔认为，当且仅当你追求人之为人的真正利益时，你才是自由的。这一看法深刻影响了19世纪末英语世界的哲学家。你要是问如何知道一个人是不是自由人，那么自由主义传统会回答，如果他们没有受到限制，他们就是自由的，但黑格尔传统会回答，只有他们按照某一特定方式行动，他们才是自由的。这就是积极自由观,自由不是免于干涉,而是按照自由人的方式去行动。

德国哲学倾向于接受黑格尔式的自由辩证法,从而打开了巨大的概念鸿沟,使我们获得了全新的思考方式。这就是黑格尔式的自由观:

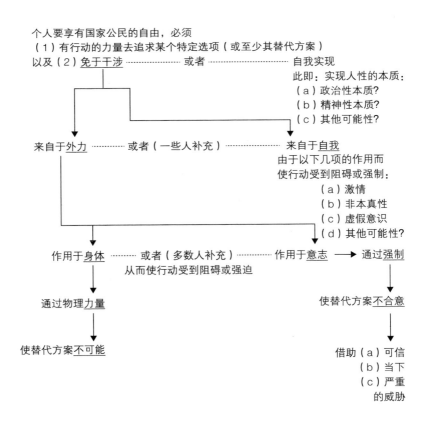

自由当然需要免于干涉,但自由并不是免于干涉,自由的根本在于实现你人之为人的本质。我们经常会说某种行为是"没人性的"(inhuman)。当我们这样说时,我们实际上同意了上述观点,有些行为缺乏人性,不是真正的人的行为。这样一来,由于融贯的人性本质理论有许多,你就会得出许多融贯的积极自由理论。一般而言,对于实现人性本质的问题,西方世界自古以来有两种对立的回答,一种站在古典立场,一种站在基督教立场。你可以认为后者是从前者发展出来的,但倘若从尼采的角度出发,你也可以认为后者是一场灾难,我们应该返回到前者。那么,这两种观点是什么?

古典观点认为人的本质是政治性的。能体现你的自由和人性的行为,就是把你的才能和德性投入到对共同体的服务中。这是亚里士多德的看法,"人是政治的动物",实现人的本质就是参与公共事务,它奠定了西方传统的根基。但在西方文化的历时发展中,这一观点被取代了。基督教对古典传统提出挑战,认为政治性并不是人性的本质,人性的本质并不是服务于公共善,而是服侍上帝。这是一种反政治的哲学,它让人离开政治、转向上帝。正是因此,早期基督教是一种禁欲主义的基督教,它让我们从政治中抽身而出,因为人的本质是精神性的。这显然不是一种政治哲学,而是反政治的哲学。在文艺复兴时期,古典的看法卷土重来。我之前已经提到,马基雅维利是重要的文艺复兴哲学家,他认为实现人的本质就是把才能投入到公共领域,为你的共同体做事;如果所有人共同行动,就会形成一个伟大的共同体。马基雅维利对基督教提出严厉批评,他的许多批评后来被尼采接了过去,认为基督教观点是毁灭性的。尽管这是一种文艺复兴哲学,与刚才分析的自由主义传统迥然不同,但它依然延续到了我们的时代。在上一代和当代的英语传统中,就有支持古典观点的哲学家,其中最著名的就是汉娜·阿伦特。在她关于自由的著作中,阿伦特使用了一个令人印象深刻的短语——"自由就是政治"。这个警句的意思是说,把才能和德性投入公共领域的人将会实现他人性的本质,成为一个自由人。加拿大哲学家查尔斯·泰勒也支持这种观点。尤其在其杰作《自我的根源》中,泰勒区分了思考自由的两种方式,一种把自由看作"机会概念"(opportunity concept),另一种则把自由看作"操作概念"(exercise concept)。前者是说,由于没有干涉,你就有机会去做某事,自由仅仅是机会;后者则是说(泰勒自己持这一观点),看看一个人是否按特定方式做出行动,我们就能分辨他是不是自由人。当然,我也对其他可能性保持"开放"。

英语传统中的许多人认为,关于国家中的个人自由这一主题,我们已经举出了所有可能的思考方式。然而,英语政治哲学界最近开始主张,上述这些理论没有注意到霍布斯的另一类批评者。我们刚才的全部讨论都是围绕霍布斯及其批评者展开的,但我们也应该对批评霍布斯的另一个传统予以注意，这些批评在《利维坦》发表之后立即就出现了。霍布斯的研究者通常没有充分意识到，霍布斯的观点有惊人的论战色彩，他试图摆脱某一种思考自由的方式。我们刚才列出的这些批评当时还没有出现，但霍布斯确实想要质疑和驳斥一些东西，并且取得了成功。现在我要回到霍布斯试图驳斥的观点。这一理论最充分的表达，是在整个西欧政治哲学发展的最重要源头之一——罗马民法典中。在6世纪末罗马帝国末期的查士丁尼治下，许多世纪以来的帝国法律被编为法典，其中最主要的著作称为《学说汇纂》。作为一部法典，《学说汇纂》像其他法典一样一开篇就提问：什么人服从这些法律？答案是，罗马社会中存在两种人，一种是自由人，也就是公民，拉丁语称为 liber homo，包括男人和女人；另一种人则是奴隶。罗马法典中很重要的一点是，奴隶并不是法律的一部分，他们没有任何法定权利，也没有任何法定义务，他们并不是真正的人，而是财产。现在我们面临着自由人和奴隶的对立，那么，究竟是什么使奴隶不自由呢？理解了这一点，你就能理解个人自由。

显然，这一问题与奴隶是否受到干涉没什么关系。罗马社会有很多关于奴隶遇到善意的主人或主人不在场的讨论。在这些情况下，奴隶几乎没有受到干涉。如果自由就是免于干涉，我们就得到了一个荒谬的悖论："自由的奴隶"。正是由于这种思考方式会导致悖论，正是由于"自由的奴隶"会使"自由"这一重要概念失效，人们才对其提出质疑。使奴隶不自由的到底是什么？罗马法的答案是，单单主人存在的事实，就足以使奴隶不自由。这就是说，自由就是不做奴隶，做奴隶就是完全依附于主人的专断意志（arbitrary will），用罗马法的语言，就是生活在某人的权力之下（in potestas，英语称为 in one's power）。如果你生活在某人的权力之下，如果你生活的每一个领域都完全依赖某人的仁慈，那么在该领域中，你就不是自由人而是奴隶。所以自由不是免于干涉，而是免于支配，免于依附他人，不依赖其他人（也就是主人）的专断意志。这里的关键在于，只要那些违背你利益的干涉有可能发生，你就不是自由人而是奴隶，因为你依赖其他人的好意，你要服从他们的意志。这就是罗马法的根本主张，也是文艺复兴时期马基雅维利予以复活，并在《论李维》中坚决坚持的观点。

我们可以在上述古典看法与所谓的消极自由观之间看到非常明显的连续性。自由存在的标志确实是一种缺失，但这里缺失的不是干涉，而是依附关系。需要注意，这意味着即便没有受到干涉，你也可能是不自由的。但这是怎么发生的呢？理解这个问题才能理解这种理论。在霍布斯看来，这种说法是荒谬的，如果没有人干涉你，你怎么可能会不自由呢？当代的霍布斯主义者也提出同样的反对意见，马修·克莱默在其杰作《自由的品质》中说，如果别人对你什么事也没有做，你的自由怎么能被夺走呢？

文艺复兴理论家接过的新罗马（Neo-Roman）观点认为，有两种可能的答案。首先是一个知识论上的回答。如果你生活于其他人的权力之下、依附于其他人的好意，你就不可能自由地行动，因为你的所有行动都不只是你意志的结果，也是其他人默许的结果，而那些人也许会许可你，也许不会许可你。只有他们给了你许可，他们选择不去干涉你，你才能行动，但你做不到像自由行动所要求的那样，仅仅出于自己的意志而行动。因此，单单依附关系存在的事实就能夺走人的自由。第二种回答是，奴隶不可能意识不到自己是奴隶。当然，在奴隶社会，你有可能生来就是奴隶，所以你虽然是奴隶却自己不知道，但你仍然完全依附于人。一旦你发现自己完全依赖其他人的好意，你就会开始自我审查，你会按照你认为最有可能避免惹恼他人的方式来行动。对依附关系的意识产生自我审查，这就是第二个基本主张。

以上就是霍布斯着力用自己的分析去检讨和抗衡的观点，他确实做得相当成功。不过，在英语传统中，我们仍然能够提出上述问题，一些作家仍然对这一问题感兴趣。首先，第一个对霍布斯进行直接回应的大政治哲学家是詹姆斯·哈林顿，他在1656年写作了《大洋国》。哈林顿极尽讽刺和鄙视地对霍布斯置之不理，因为后者完全误解了政治自由中最重要的东西。哈林顿认为，所有君主的臣民都是奴隶，这也是马基雅维利的主张。哈林顿一开篇就说，目前只有一个现代政治哲学家认识到了这一点，那就是马基雅维利。霍布斯没有看到，君主拥有专权（prerogative），所有君主都有非常广泛的自由裁量权（discretionary power）。我自己就生活在君主制下，国王有非常广泛的专权性权力，包括直到最近还拥有宣战与媾和的权力，比如英国参加伊拉克战争，这完全是根据国王的专权，不需要与政府商议。但自由裁量权是专断的，它只是某个人的意志，而非法律的程序。既然如此，你就是奴隶，因为你仅仅依赖于别人的意志。这就是哈林顿对霍布斯的回应。

此外还有第二种回答。随着18世纪欧洲帝国的崛起，尤其是英国在北美建立殖民地，这种回答对哈林顿传统中的作家而言变得极为重要。托马斯·潘恩、理查德·普赖斯和约瑟夫·普莱斯特利等人都是为1776年美国革命做意识形态辩护的英雄。在这些作家的作品中，你会发现这样的观点：如果你生活在殖民地，你就是奴隶。1776年北美殖民地向英国发动革命的根据是，英国议会决定对他们征税，但他们在议会中并没有代表。在他们看来，他们的税负水平是由专断意志施加的，他们在其中没有发言权。英国政府回复说，你们可以信任我们。但他们说，我们凭什么要信任你们？我们想要的是代表。所以他们的口号是"无代表，不纳税"。这就是他们从英国分裂出来的原因。宣告革命开始的伟大文件，也是美国历史上最重要的法律文件和革命性文件——托马斯·杰斐逊1776年写作的《独立宣言》，指的是从什么中"独立"

出来？当然是从依附关系中独立出来。美国人认为，他们生活在依赖于英国人好意的状态中，但他们不相信英国人的好意，因为英国人派遣军队去镇压革命。所以，《独立宣言》宣告的是，他们从涉及其财产的完全专断的意志中独立出来。

在18世纪90年代的革命时代中，第三种可能的回答出现了。20世纪之前最伟大的欧洲革命是1789年的法国大革命，大量激进思想产生于18世纪90年代。这些思想中有许多集中于法国革命政治意识形态的根本观点，把自由与平等联系起来。既然平等意味着公民的平等，那么它是否也意味着男性和女性的平等？答案是肯定的，否则妇女就会成为奴隶。关于这一主题，最伟大的英语文本是1792年玛丽·沃尔斯通克拉夫特（Mary Wollstonecraft）的《女权辩护》。这本书的论点是，大多数妇女都在经济上依附于男性，这意味着，由于自我审查，妇女被迫去成为男人喜欢的那种人，从而服从于专断意志，因此妇女就是奴隶。这就是《女权辩护》的主张。

我们已经考察了17世纪中期和18世纪晚期的观点，那么19世纪情况如何？对英语世界的政治哲学而言，19世纪见证了自由主义观点的胜利。很少有思想流派会接过新罗马的故事，但我想提出两个观察。第一，有一个思想流派接过了奴隶问题的语言，这就是马克思主义。马克思讨论了那些仅仅拥有劳动力可供在市场上出卖的人，但这会使他们成为奴隶——"工资奴隶"。"工资奴隶"的概念说明马克思接过了新罗马的故事。不要忘了,马克思接受的是罗马法训练,当他阅读《学说汇纂》时,他最先看到的就是这个,这对马克思的思想发展十分重要。第二,约翰·斯图亚特·密尔在《论妇女的屈从地位》(1869)中认为,由于妇女的财产在结婚后移交给了丈夫,她们就完全依附于人,失去了根据自己意志行动的法定权利。因此,密尔在开篇说,"这样的妇女与奴隶没有什么区别"。这篇文章是密尔最后的政治著作,出版于《论自由》十年以后。值得注意的是,密尔的分析已经发生了转变,他已经从最著名的自由主义理论家变成了新罗马理论家。

在英语传统中,新罗马的故事逐渐被放到了一边。不过当代依然有专断权力的事例,专断权力并没有被消除。比如雇主的权力。如果工会被解散了,雇主是不是拥有任意解雇工人的专断权力,而不会受到任何惩罚?在我的国家就有这样的事例,人们仰赖雇主的仁慈而生活,所以我们必须要问一问,这些人还是不是自由的公民?再比如国家的专断权力。许多民主国家现在有广泛的权力,能在未经公民知晓或同意的情况下对公民进行监视。对此,目前为止的批评还集中在这种权力的行使上,认为冒犯隐私权的代价超过了我们获得的安全。但根据新罗马自由观,这种分析成本收益的方式就是错的。单单这种权力的存在(而不是其行使),就足以构成一种冒犯,不是对隐私权,而是对自由的冒犯。我最后要说的是,新罗马自由观在近二十年的英语政治哲学界得到了复兴。一些重要文本已经有了中译本，其中最重要的是菲利普·佩蒂特的《共和主义：一种关于自由与政府的理论》。所以，这个故事也延续到了我们的时代。这就是自由的谱系。

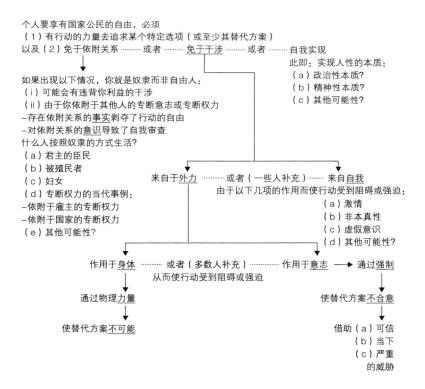

这个谱系要说明什么呢？谱系总是一种批判，对概念分析的批判，对"一切基本概念都有清楚的含义"这一观点的批判。在当代英语政治哲学界，人们普遍认为自由在某种意义上就是免于

干涉。但我已经表明，这种看法面临挑战，一种挑战认为自由根本就不是消极概念，另一种挑战则认为，尽管自由是消极概念，但自由不是免于干涉。我们把这些观点放在一起，就会看到各种相互抗衡的理解。更进一步，我想政治哲学和道德哲学中那些最抽象的核心概念一般都会有各种相互抗衡的理解。我想向你们展示的是，我们没有理由宣称"这个概念最终就是这样"。事实上，在我试图展示的整个现代英语传统中，这个故事是一场无休无止的对话，是许多能够自圆其说的立场之间无休无止的争论。但尽管这些立场都能自圆其说，你却不能简单地把它们结合在一起，你必须从中做出选择，因为它们并不能彼此适配。那你该做出什么选择呢？在我看来，大学教师不应该试图告诉人们该怎么看待他们讨论的问题，他们的任务是努力澄清这些问题，以便人们能够自己去思考。这就是我在本次演讲中要做的事情。为了回答如何思考自由这一问题，我努力为你们提供相关信息。但至于答案，我就要留给你们了。

现场提问

1. 谢谢斯金纳教授，您对从古至今自由概念的分析非常有力。我的问题很简单，您认为古代自由概念与现代自由概念最显著的区别是什么？

答：本雅明·贡斯当写过一篇非常有名的文章——《古代人的自由与现代人的自由之比较》。他区分了公共领域的公共自由观念和追求私人利益的私人自由观念，前者是古代自由观，后者是现代自由观。贡斯当的看法有很多是对的，但我认为我们必须指出，古代自由观有两种。一种是希腊的亚里士多德主义理解，当代哲学家中有人接过了亚里士多德传统，比如汉娜·阿伦特就是亚里士多德主义的思想家。但我们同时也有一个罗马的故事，这是另一种思考自由的方式。我认为，古代的两种彼此抗衡的解释都在当代西方世界得到了延续。再加上现代自由观，这种观点分成几支，但基本上是免于干涉的自由观。

2. 我的第一个问题与阻碍行为和强制行为有关。您之前说可以通过三种方式去施加阻碍或强制，但我刚刚想到一种情况：如果有人让你在 A 和 B 之间选择一个，你却没有足够的智慧去做出选择，这就会成为一个问题。此外，我认为，言论自由的缺失会使一个人没有足够的智慧。在您看来，能不能把言论自由的缺失看作一种强迫行为？我的第二个问题是关于专断意志的。我认为，言论自由的缺失也是专断意志的一种形式。在日常生活中，您是否认为专断意志还有其他形式？最后一个问题，您之前说到妇女也是一种奴隶，我部分地同意您，如果妇女在生活中不独立的话，她们确实是奴隶。但我还想到另一种人，就是缺乏批判性思考能力的人。您是否认为，缺乏批判性思考能力的人也是一种奴隶？

答：我按顺序回答这些问题。我很理解你的看法，（对自由而言）只有机会确实还是不够的。如果别人只给了你选择的机会，但很多选项范围是你无法设想的，你的自由就以某种方式受到了限制。我认为这完全正确。第二个问题，关于什么东西会破坏言论自由，在英语传统中，看待这一问题有两种方式。标准的看法认为，只要没有受到干涉，你就有言论自由。例如，如果强制可以夺走自由，那么禁止讨论某些话题的强制性法律就会限制言论自由，这就是西方国家中法律运转的方式。但我认为更有趣的是新罗马的看法，自我审查会夺走言论自由。你确实是自己限制自己，但只有当你面对着专断意志时，你才会这样做。这就是新罗马的故事。妇女不能说出她们的真心话，因为她们处于依附于人的境地。至于没有批判性思考能力的人是不是奴隶，这确实是西方古典政治哲学中很重要的问题，是他们确实问过自己的问题。理性的能力和扩展自由的能力当然是并行的，但我并不愿意说认识能力本身就决定了选择的范围，因为当我给你更大的选择范围时，你当然会说你获得了更多自由。

3. 我的问题有关于外力施加的威胁。在自由主义政治体中，尤其是在洛克式的政府理论中，人们假定国家的威慑建立在个人同意的基础上。您能否谈一谈这种威慑的谱系?

答:在我们关心的英语自由主义传统中,这一问题可以有两种回答。霍布斯的答案是,如果你认为国家依靠法律来运转,法律依靠强制性的威慑、依靠对违法者的惩罚来运转,那么你在法律之下完全是自由的,因为强制并不能夺走自由。所以当你守法时,你是自由地守法;当你违法时,你也是自由地违法。但标准的洛克式理论、经典的英国自由主义理论会认为,强制会夺走自由,所以强制性的法律会限制你的自由。不过,只要你对法律表示同意,法律就是你自己意志的表达。如果你通过代表(representation)表达了同意,让代表去承担你的人格、为你说话做事,政府的法律就是你意志的表达,因此就不是对你意志的强制。所以自由主义传统倾向于认为,法律不会夺走自由,因为第一,强制不会夺走自由,第二,就算强制夺走了自由,同意又把自由带了回来。

4. 不过您在讲演中提到,美国的自由放任主义传统认为法律是自由的对立面。

答:正如边沁所说,所有法律都是强制,既然强制会夺走自由,法律就是自由的敌人,这是很自然的想法。除非我们认为权力以某种方式代表了我们,那么法律就表达了我们的意志,我们就不只是被法律强制,法律也是用来保护我们的。这也是一种自由主义思想。美国的自由放任主义者总是倾向于认为"谁管得最少,谁就管得最好",因为法律就是强制,自由就是为所欲为。这是一个非常粗暴的立场,因为他们完全不考虑同意的问题,他们实际上倾向于无政府主义。诺齐克就在《无政府、国家与乌托邦》中以自由的名义提出了一种无政府主义理论。不过我们不想成为无政府主义者。

5. 我在思考您留下的"其他可能性"。如果我没有投票支持特朗普,并且我非常现实地预期四年以后特朗普会败选,能不能说我现在在一定程度上是奴隶,但我未来真的有可能获得解放?这是不是新罗马自由理论的一个次优(second-best)版本?

答:新罗马自由观不会像你这么苛刻,因为特朗普是通过特定法律程序当选上台的,即由选举人团(electoral college)选出来的,少数服从多数。你已经事先同意了这个程序,无论谁得到了多数,谁就能得到权威,因此特朗普当选没有问题,这是法定权力,而不是专断权力。当然,在美国宪制中,总统任期四年,因为他们担心当权者会得到更多权力。但我不认为美国的体制是一个非法体制。

我的意思是说,特朗普治下通过的法律不会反映我的意志,在这种情况下,我就在一定程度上是奴隶。

答：这个说法很难成立。法律必须要由国会来通过，一旦通过就对全体美国人产生法定约束力，这是符合宪制的。所以我不认为他们能说自己是奴隶。不过他们反抗英国时确实是一个很好的例子，那时他们还是被殖民者呢。

6. 现代人权法区分了政治权利（这是您着重讨论的主题）和社会、经济、文化权利。您能否把这些权利加入您对自由的分析，例如对外力、对政府施加的强制和保护的分析？

答：上述这些传统都不太喜欢权利的语汇，比如臭名昭著的功利主义就不使用权利概念，而使用成本收益概念，是一种后果论的道德理论。以上这些作家也没有人权的观念。人权观念主要是 20 世纪的发明，认为权利就是一种道德主张（moral claim）。我今天讨论的所有传统都不会接受这个看法。我认为，在美国政治哲学的主导下，当代英语政治哲学过大地扩展了权利概念，使其失去了独特的含义。我有时觉得，如果我们不说"做某事是某人的权利"（someone has a right to...），而说"要是做某事就好了"（it would be nice if...），似乎也没有太大区别。上面这些思想家都认为权利是与义务相对的；此外霍布斯还有"自然权利"（right of nature）的观念，指的是在没有法律的状态下人们可以为所欲为。但他们没有你提到的这种特定的权利语汇。

7. 您在演讲中提到了亚里士多德和奴隶问题。亚里士多德认为，主人对奴隶有专断权力，但主奴关系形成的原因在于，奴隶没有理性能力。所以，奴隶在主人的统治下劳作，恰恰得到了其最大利益。如果我们回到原初状态抽象地看，主奴之间似乎存在一种契约。假如我是奴隶，我是为了自己的利益而放弃了自由。不过这样一来，我显然就永远失去了自由。在这种意义上，奴隶算是保有自由吗？

答：亚里士多德有一个"自然奴隶"（natural slave）理论，罗马传统对此坚决拒绝。罗马法开篇就说，奴隶制是违反自然的，在自然中没有人拥有财产，所以人人自由平等，"自然奴隶"的说法完全不成立。这是希腊传统与罗马传统的重要区别，我主要讨论的是后者。需要补充的是，早期现代欧洲自然法哲学对你的问题非常感兴趣，自愿为奴到底能不能是一个理性行为？格劳秀斯在他1625年的伟大自然法著作中说，自愿为奴当然可以是一个理性行为。但这样做的前提是，你意识到有一些价值比自由还重要，比如生命。倘若你不做奴隶就会被杀死，你为了生命而放弃自由就是理性的。再比如，你会为了安全而放弃自由。你可能觉得自己不能保护自己，被别人保护会使你更加安全。格劳秀斯认为，如果你出于这些原因而自愿为奴，你完全是理性的。这并不是说奴隶状态是什么好状态，但它确实是一个理性的选择。这个观点令一些思想家感到震惊。比如基督教思想家（特别是洛克）

通常认为，你没有自愿为奴的自然权利，因为你并不是自己身体的所有者，上帝才是。洛克一开篇就加上了这条前提，从而彻底排除了奴隶制问题。罗马法排除这个问题是因为奴隶制违反自然，但罗马法没有说奴隶制违反万民法（ius gentium）。在罗马法中，这是万民法优先于自然法的唯一事例。根据自然法，奴隶制违反自然，因为人人自然平等，财产是约定的。但根据万民法，奴隶制当然存在。

8. 我有两个问题。免于依附关系的自由观让我想起了美国早期历史中的印第安部落。在最高法院的一些早期判决中，印第安部落被法官称为"本地的依附民族"（native dependent people），所以不是民族国家，不是美国公民。我的问题是，奴隶状态是否还有其他形式？当时的美国政府把印第安部落当成儿童，那么儿童是不是生活在奴隶状态中？我的第二个问题与此有关。在整个自由的谱系中，教育和自由的关系是什么？

答：你的第一个问题很有意思，但我不打算谈太多。新罗马理论家大概会说，因为印第安人不是法律框架的一部分，所以他们同意美国政府做出的安排，印第安人与美国政府之间的关系是专断的关系。专断权力是法定权力的对立面，因为法定权力得到了同意。关于第二个问题，上述思想家都不认为自由取决于智力水平或受教育水平。他们根本不会喜欢这样的观点，因为自由是每个人的自然状态（natural condition）。法律不是自然的一部分，自然状态就是法律之外的状态。你确实有充分的理由走出自然状态，也确实是理性向你指示了这些理由，但他们反复说，所有人都能看到这些理由，你只要考虑自己的利益就好了，不需要什么高超的智力和教育。他们都不主张智力和教育是自由的条件。当然，如果你相信积极自由观，你确实需要接受一定的指导，但那是另一回事了。

9. 我的问题是新罗马自由观与无干涉自由观的区别，或者说，我们能不能把新罗马自由观看作一种与无干涉自由观相对的独立传统？如果我没记错的话，您在一篇早期文章中指出，当我们讨论依附关系与独立性时，我们说的也是"免于对……的依附"（independence from...），在这一意义上，免于依附关系的自由观也是消极自由观。我想我们能在这两种自由观之间发现更多相似性。在讨论依附关系时，您举的第一个例子是"可能会有违背你利益的干涉"，也即受到干涉的可能性，第二个例子则是一种心理过程，奴隶意识到自己可能会受外力干涉。换句话说，新罗马理论是另一种无干涉自由观。您能否对此再做一些解释？

答：我的全部论点就是，这两种自由观是不一样的。无干涉自由观认为，如果没有别人对你采取行动、施加干涉，就没有不自由。但新罗马自由观认为，不自由还是会存在，因为即便没有人干涉你，甚至没有人威胁要干涉你，只要存在依附关系，你还是会通过自我审查来限制自己的自由。正是因此，我们说新罗马自由观不仅汲取了罗马法，也汲取了罗马道德哲学。在罗马道德哲学中，奴隶状态得到了深思熟虑的理论化处理。奴隶会因完全陷入他人意志的支配而具备某些特定的性格（characteristics）。我们能在一些罗马哲学家的作品中看到一个令人很不舒服的警句，"如果你是奴隶，你就难逃奴性"。奴隶状态会影响你的性格。干涉不需要真的发生，只要干涉有可能发生，自我审查就会限制你的自由。因此，这两种自由观完全不同。

10. 如果我们像您在《自由主义之前的自由》中所做的那样，把无支配自由观和无干涉自由观放到历史顺序中，能不能认为现当代的无干涉自由观是在不同历史语境下对无支配自由观的重构？因为我们生活在一个与罗马时代和文艺复兴时代迥然不同的世界，商业和技术已经高度发展。能不能说无支配自由观被现代思想家重构成了另一种样式？这样一来，两种自由观的区别就变得大为模糊了。我之所以认为您的分析中缺少历史语境，原因在于，从理论的角度来比较这两种自由观，二者的区别当然非常清楚，但如果我们把二者放到历史顺序中，我们能否认为其实是同一个概念被重构了？

答：我认为不是这样，两种分析是相互对抗的。当然，18世纪的讨论比较复杂，亚当·斯密就是很好的例子，因为西欧商业社会的兴起十分重要，斯密认为自由契约就是非强制性的契约。但我要重申一点，无支配自由观与无干涉自由观完全不同，二者的区别在于，自由是不是事实性的（de facto）。经典自由观认为，自由就是事实性的，问题在于你事实上有没有受到干涉；新罗马理论则认为，不需要干涉的事实真的发生。这种理论很难在商业社会中维持下去。这也部分地解释了无干涉自由观在历史中胜出的原因——随着资本主义的兴起，这种自由观更适合商业社会。

11. 我的问题与自由意志有关。英语中有"志愿者"（volunteer）一词，意思是我们会无偿地（freely）做某些事。我们能不能把这种选择看作自由意志的结果？我记得霍布斯说过，所有人行事都是为了自己的利益。我想问，外力干涉有可能符合我们自己的利益吗？

答：自由意志是一个非常重要的问题。我今天没有谈到自由意志，关于这一问题，我今天谈到的思想家中有许多人持有鲜明的看法。但我认为我所说的一切都与决定论（determinism）的观点相容。你既可以这么做也可以那么做，这是自由的现象学（phenomenology），它有可能只是一个假象（illusion），但我并不打算讨论自由的形而上学（metaphysics）。对你的问题，霍布斯有一个著名回答，在他看来，自由完全与决定论相容，因为自由行动并不是出于自由意志的行动，只是没有受到阻碍的行动，意志仅仅是行动的名称。所以，霍布斯坚持决定论，一切事情都有原因，一切事情都在原因的序列之中。如果原因的序列贯穿了你的行动，这个行动就是自由做出的。这个理论非常精巧，我们对自由的所有讨论都与决定论相容。这正是形而上学家的标准立场，例如霍布斯之后的相容论（Compatibilism）和斯宾诺莎的理论。我在讨论中也预设了这一点。

12. 您提供的自由概念的谱系主要聚焦于法律自由或政治自由，但既然您提到了精神性本质和虚假意识，或许我们也可以讨论信仰自由、意识自由和宗教自由，这是欧洲历史特别是早期现代欧洲历史中的重要问题，也是霍布斯、洛克等思想家讨论的话题。

答：我完全排除了这些问题。讲到精神性本质时我说过，这不是政治，而是对政治的拒斥。在文艺复兴中得到复活的古典思想也否定基督教，因为后者拒斥政治。我们今天的主题是解释个体作为国家公民享有的自由，所以，我谈到精神性本质，只是为了回答"自由就是自我实现"是否讲得通。为了讲通这个观点，西方传统中有过两种伟大的尝试，一种是亚里士多德主义的分析，一种是基督教的分析，前者关心政治，后者则反之。所以今天晚上我完全没有提宗教的故事，如果让我再做一次讲座，我就可以谈了。

13. 您之前提到,法律就是强制,但您是否认为法律可以具备某种建设性功能、可以在一定语境中建立起自由?比如美国宪法就以一种恰当的方式使美国从英帝国独立出来,确立了一个不同于《大宪章》的法案。

答:那些以自由为名反对法律的人把法律看作强制机制(coercive mechanism),但法律当然不都是强制机制,许多法律只是授权我们(enable)做某些事,这些法律不是强制,而是给了我们更多选项,它们授权你做很多你除非如此就做不成的事情,这是法律极为重要的功能。我们今天讨论的思想家对此不感兴趣,他们只对自由感兴趣。法律能扩大你的自由,也能限制你的自由;所以法律既是强制机制,也是赋能机制(enabling mechanism)。

第二部分 访谈

剑桥学派与思想史研究
——昆廷·斯金纳访谈

张新刚[1] 采访，王涛[2] 译

第一部分：学术背景与学术生涯

张新刚：斯金纳教授，您好。欢迎您来到中国，感谢您接受这次访谈。我们都知道，您在剑桥大学待了46年。与如今的学者相比，你的学术职业生涯开始很早。我很想知道，您最初如何对思想史（特别是政治思想史）产生兴趣的？

斯金纳：首先，谢谢你的提问。在回答这个问题之前，我想说，我非常感谢你邀请我进行这个访谈。我是在中学而非大学阶段开始对思想史产生兴趣的。在中学时期，我们较为全面地学习英国史，其中政治问题所占比重较大。英国史上最具有塑造意义

---

[1] 北京大学历史学系、西方古典学中心助理教授。
[2] 华东政法大学科学研究院副研究员。

的时期是宗教改革、文艺复兴、英国革命，即16世纪和17世纪。我们主要学习的是这个阶段的政治问题，但是政治问题背后都有思想背景，因此我们被要求学习一些经典文本。在学习宗教改革时，我们需要阅读托马斯·莫尔的《乌托邦》。对于英国革命，则要阅读霍布斯的《利维坦》。当然，在英国人的叙述中，霍布斯的《利维坦》被认为是强大的敌人，因为他为绝对主义张目，与英国的自由国家之路背道而驰。我们还被要求阅读约翰·洛克，他被认为是英国自由国家的伟大理论奠基人。我现在还保留着我那时买来读的这些文本。这些书使得我想要研习思想史，大学以后则更是如此。如果你要问，当初我还是中学生的时候，我最感兴趣且对我影响最深的"大人物"是谁，我觉得是伯特兰·罗素（Bertrand Russell），他的《西方哲学史》真的激发了我。我完全被这本书所征服，虽然我现在肯定不会再这么觉得了，因为这本书的方法论实在是很糟糕，罗素就是挑出那些他恰好感兴趣的人物来写。但是在当时，我确实发现自己碰到了一个杰出哲学头脑在写作哲学史。当后来我来到剑桥的时候，我已经接受了几年高强度的英国史训练，已经阅读了相关的材料，因此我心里很清楚，我想要尽我所能地专攻思想史。在剑桥大学，我非常幸运地受教于一位年轻学者（后来成为牛津大学的思想史教授）约翰·布罗（John Burrow）。在我本科的第二年和第三年，很幸运由他来教授有关政治思想史几门重要的概论课。一门是"古代到现代早期的政治理论",还有一门学习现代政治哲学的"现代国家理论"。在剑桥学习的最后一年,你会花大部分时间上一门非常专业的课程,学校通常提供的是思想史方面的课。我非常幸运,有一门邓肯·福布斯(Duncan Forbes)开设的聚焦大卫·休谟,但更宽泛来说,是聚焦苏格兰启蒙运动的课。他后来写了一本这方面非常重要的著作。我还应当加上其他几位非常不错的讲授思想史的老师。首先是伟大的学者沃尔特·乌尔曼(Walter Ullmann),他是澳洲人,法律史博士,教中世纪法律和政治理论。他的课非常精彩,非常吸引人。当然,还有彼得·拉斯莱特(Peter Laslett),他教现代早期这块。他有关霍布斯和洛克的课对我来说非常重要。

张新刚:我们注意到政治学在剑桥大学的位置非常独特。剑桥大学的政治和国际研究系(POLIS)一直到2009年才成立。在这之前的很长一段时间里(几乎整整一个世纪),政治理论研究是在历史系。这是出于什么原因呢?

斯金纳:对于一位剑桥人来说,你的这个问题确实挺有意思。的确,当我在剑桥读书时,剑桥大学并没有政治系。如果你想去当时的英国顶尖学府学习政治学的话,那你肯定得去牛津大学。牛津大学那时有一门非常成功的课程项目,叫PPE(哲学、政治学和经济学),会给你专业的学术训练,不仅仅是政治理论,而且会结合哲学。但是,在剑桥的传统中,哲学实际上主要聚焦逻辑学和认识论，很少做政治哲学，很少采用哲学史的路径。政治理论的研究是在历史系。我觉得，部分原因是20世纪早期的几位了不起的教师所产生的影响。其中最重要的是梅特兰（F. W. Maitland）这位伟大的英国法学家，但当时执教于历史系。他晚年非常着迷于思想史的一些问题，特别是法人（corporation）理论，写了一本有关这个问题的经典著作。梅特兰的影响很大。他之后则是厄奈斯特·巴克（Ernest Barker）。另外一位值得一提的相关人士是迈克尔·奥克肖特（Michael Oakeshott），他在剑桥学习历史，当然后来又在德国学习哲学。他们对政治思想史的认识是，政治思想史深深地扎根于历史。因此，受此熏陶，我也一直将政治思想史视为某种历史问题。

张新刚：您出版了好几本重要的研究著作，包括思想史研究方法论、现代早期的政治思想、马基雅维利、霍布斯、现代国家、莎士比亚等方面的内容。你的这些著作是否存在某种内在逻辑？您这些不同文本的"意图性"是什么？

斯金纳：你是在用我的问题反问我。我想要干什么？我正在做什么？这很巧妙。我一直在做一件事，就是努力将文本置于能够使其变得可以理解的语境中，从而对其作出解释。当我说文本时，我指的是宽泛意义上的文本。哲学作品当然是很典型的一类，但是我有段时间对艺术史非常感兴趣，我会将绘画视为文本，对其使用相同的解释方法，就像我在处理哲学文本时那样。我想，如果我将你的问题进一步延伸的话，我会说，我一直感兴趣三个相互关联的解释步骤。我在自己的第一本书《现代政治思想的基础》[3]的导言中谈到了这些。我在那里说，我们首先应当确定，我研究的文本所关注的那个社会的问题是什么，或者说，那个社会中令人生疑的问题是什么。我在那篇导言中说，政治生活本身为政治思想家设定了问题，因为不同的议题，对于不同时期的不同社会来说多少都会有点令人生疑。在《现代政治思想的基础》第二卷中，我主要关注的是 16 世纪的政治思想。16 世纪是欧洲的大战时期，主要是宗教战争，天主教会分裂为天主教和新教。一系列的宗教战事首先在尼德兰爆发，然后是法国，接着或多或少延伸到英格兰。所有这些变动提出了有关国家权力的界限、反抗暴君的权利这样的问题，以及基督教与国家、教会与国家的关系问题。因此，我在书中试图说明，16 世纪的哲学家其实在紧紧抓住一些词汇，并试图理解哪些词汇、哪些道德词汇可以被用来思考这些议题。

我一直认为，首先是社会自身设定了问题，但是接下来，为了回答这些问题，你会进入解释的第二阶段。你必须理解，想要

---

[3] Quentin Skinner, *The Foundations of Modern Political Thought*, 2 vols, Cambridge University Press, 1978.

处理这些问题的那些著作家在推进他们的论证时所能够诉诸的思想资源。在现代早期文化中，最为重要的思想语境并不是当下的语境，而是道德哲学和政治哲学古典著作家在文艺复兴时期的复兴所带来的语境。就道德哲学而言，柏拉图和亚里士多德当然位列其中。就古罗马传统而言，则是西塞罗。所以，当我写《马基雅维利》[4]那本小书时，我特别想要说明，马基雅维利在多大程度上是一位古典道德主义者。他尤为诉诸古罗马经典，西塞罗以及李维（他写了《论李维》这本书）。在我看来，如果想要理解马基雅维利如何推动这个思想背景，如何对其提出挑战或反驳——简言之，如何处理这个思想背景——那么这就是最重要的语境。这就是我感兴趣的第二种语境。如果我们来看文艺复兴文化的话，很重要的一点是，文艺复兴从古典文化那里获得灵感，而古典文化与修辞极为相关。因此，我做了很多有关修辞学的研究。我写了一本有关霍布斯与修辞学的书（1996年出版的《霍布斯哲学中的理性与修辞》[5]），有关霍布斯对于政治论辩中的劝说不断变化的看法。最近，我写了一本有关莎士比亚如何运用古典修辞的书[6]。此书想要说明，在许多剧本中，莎士比亚涉足了古典

---

[4] Quentin Skinner, *Machiavelli: A Very Short Introduction*, Oxford, 1981.

[5] Quentin Skinner, *Reason and Rhetoric in the Philosophy of Hobbes*, Cambridge University Press, 1996.

[6] Quentin Skinner, *Forensic Shakespeare*, Oxford, 2014.

修辞理论。如果我们知道,莎士比亚了解这个修辞学传统,我们就能更好地理解他许多戏剧的结构,能够解释某些幕是如何写出来的以及它们所用的那些词汇,这有助于揭示莎士比亚对那个时期许多剧作家产生的诸多影响。

上述这些例子可以说明我所感兴趣的解释的第二步。你首先从社会着手。接着,为了回答那个社会的问题,就需要诉诸某个思想遗产,当然,我这里主要涉及的是古典遗产。就第三点而言,我想要说明,文本在某种辩论光谱中所占据的位置,文本对那个时代的政治做出了何种介入(intervention),这在《现代政治思想的基础》第二卷中体现得很明显。我在那里讨论了国家主权理论的兴起,聚焦法国哲学家让·布丹等人。我试图说明,这其实是在反驳一种激进的反抗权思想。我试图说明,这里的介入是批判、驳斥一种在宗教战争期间出现的激进政治学,一种有关限制权力的权利政治学说。《霍布斯与共和主义自由》[7]也一样。我在那里试图说明,如果你问:霍布斯在《利维坦》中到底是在做出怎样一种介入?除了别的内容之外,他是在攻击共和主义政治理论,攻击"人只有在共和国中才能获得自由"这个主张,因此这本书是在为君主制辩护,反驳有关自由的共和主义理解。以上这三项相互关联的工作说明了我的意图性。

---

[7] Quentin Skinner, *Hobbes and Republican Liberty*, Cambridge University Press, 2008.

第二部分：方法论与剑桥学派

张新刚：在您发表于1969年的《观念史中的意涵与理解》（*Meaning and Understanding in the History of Ideas*）这篇著名论文中，您猛烈批判了观念史的传统研究方法。您指出，传统研究中充斥着学说神话（mythology of doctrines）、连贯性神话（mythology of coherence）和预期神话（the mythology of prolepsis）。我们知道这篇论文原来的题目是《伟大文本的不重要性》（*The Unimportance of the Great Texts*），这个题目更抓眼球。我完全赞同我们应当重视语境以及著作家如何从思想层面介入政治议题。但是，如果我们将所有政治思想家都置于语境中，似乎会将他们都"平庸化"（democratize），这对于柏拉图、马基雅维利和霍布斯这样的伟大思想家来说是不是不太公平？另一个问题涉及您一直批判的一个提法，即：经典文本的永恒智慧。如果我们以混合政体为例，我们会发现，尽管古代世界与现代世界的历史语境有所不同，但是许多政治思想家都认为，混合政体是政治秩序的最佳选择。这是否意味着，混合政体符合良好政治秩序的某些基本逻辑？您怎么看这两个问题？

斯金纳：这里其实有好几个问题。首先，我来说明一下这篇文章最初的题目"伟大文本的不重要性"。这个题目确实更为惹人注目。当然，这个题目是在开玩笑。我是想说，你不需要认为，由于思想史中有许多包含永恒智慧的伟大文本，因此你应当研究思想史。我想说，研究思想史还有另一个进路。当然，这并不是说文本不重要。我最终将这篇文章的题目定为"观念史中的意涵与理解"，因为这个题目更为明确，因为我想说，我们作为历史学家所要做的是理解，我们努力去理解文本，而理解文本远不止于，也不同于复原文本的意涵。文本当然包含意涵，但是理解文本并不局限于理解它们的意涵。（我们前面已经讲了）理解文本包括理解文本在做什么，文本对当时的政治做出了怎样的介入，文本在某个论辩光谱中的位置，文本与某个思想遗产的关系，即：它是在发展这份遗产，还是摧毁它、质疑它抑或是要求它？所有这些都与文本意涵无关，但对理解文本来说却十分重要。这是那个题目的要旨。

你提到说这会不会将思想家平庸化。我明白你的意思，这当然不是我的目的，我的目的是将重要的文本语境化，并揭示下述事实，即：这些思想家通常都深深卷入他那个时代的政治性和地方性争论之中。我最早的学术研究做的就是这项工作。这些研究收录在《政治的视野》第三卷中（即将有中译本问世）[8]。它们是我在 1960 年代发表的一系列有关霍布斯的论文。我试图说明，如果想理解霍布斯的《利维坦》，除了其他之外，你需要了

---

[8] Quentin Skinner, *Visions of Politics*: Volume 3, Cambridge University Press, 2002.

解《利维坦》在那个时候直接参与了有关政治义务的基础是什么这项争论。彼时，英格兰刚刚处决了国王，废除了君主制，建立了共和国。所有人都在琢磨，这一系列变革是否合法，新政权究竟是不合法的政权，还是可被证明具有合法性。我想说明，这是霍布斯在《利维坦》中提出的核心问题之一。我并不想将《利维坦》平庸化，将其降低为一部政治小册子。但是，我确实想说，它与当时那些政治小册子具有许多相同之处。它们都探讨了一些相同的问题。在某种程度上，你可以将其视为一篇议会发言稿，但却是一篇很长且很复杂的发言稿。我们最好将其视为对相关争论的介入。但是，这样来研究像霍布斯的《利维坦》这种重要的体系性文本，即探寻它对当时的政治做出了怎样的贡献，它在争论光谱中处于哪个位置（如我之前所说，我们确实可以回答这些问题），确实会使得重要文本消退到背景中，变成某道风景中的一个部分。这样做似乎会走向福柯所说的"话语"。所有一切都进入话语中，所有重要作品和小册子都在一块。当然，将霍布斯与当时的政治小册子完全混为一谈，显然是非常荒谬的。《利维坦》是一部认识论的重要作品，它包含人性理论、行动哲学等等，它是一部系统性的作品。尽管如此，它也是某个"话语"的一部分。我只能说，你需要某种文献鉴别力，不至于愚蠢地认为，霍布斯的《利维坦》与其他论战册子是同一货色。你就"永恒问题"提出的疑问是对我的观点的一项很有意思的批判。我的意思是，在一大堆公认的所谓的伟大文本中找寻这种永恒智慧不是我研究思想史的动机。我这篇论文的原始题目的讽刺性即在于此。我认为，我们应当谋求对这些文本的历史理解。我们不能将它们从其历史语境中抽离出来，然后探问它们包含了怎样的永恒智慧。当然，我并不否认，某些主题会反复出现。任何历史悠久的文明皆如此，中华文明肯定更是如此。在至少也有一千年的盎格鲁-撒克逊传统中，道德和政治思想确实有许多连续性，某些问题会持续出现。其中一个争论就是你所指出的有关混合政体的好处与某种有关统一主权的现代理论的好处之间的争论。但是我想指出，对于混合政体，我们需要问一问，这个问题为什么总是会出现？它是因为相同的原因还是不同的原因而不断出现？我们不能仅仅只是说，混合政体理论总是存在。在历史上，它有时被用来质疑大众主权理论，有时被用来质疑绝对主义。它在不同时期扮演不同角色。理解混合政体理论的书写史，就是要理解不同时期对混合政体理论的不同用法所构成的历史。虽然，看上去这里存在某种永恒的东西，但是它其实不断被运用于新的不同用法中。

张新刚：晚近几十年，在中国最具影响力的政治史研究学派和学者是剑桥学派、施特劳斯学派和埃里克·沃格林（Eric Voegelin）。当我们谈及剑桥学派时，我们通常会先提到彼得·拉斯莱特。我们可以在您本人、约翰·邓恩（John Dunn）以及波考克（J.G.A. Pocock）之间发现诸多相似之处。在1930年代，你们似乎采用了相似的方法来研究不同的问题，约翰·邓恩在1969年的《约翰·洛克的政治思想》一书中提出了与您类似的主张。此外，您在许多场合都提到，波考克的《古代宪法与封建法》[9]对您产生了很大的影响。您能够说说剑桥学派（如果存在这样一个剑桥学派的话）以及您与波考克、邓恩之间的关系吗？

斯金纳：你确实可以把拉斯莱特、邓恩和我挑出来放在一起。那个时候，拉斯莱特是学校的高级教员，而我和邓恩都还只是学生。我确实受到了拉斯莱特的极大影响，我前面已经提到，他给我们上了很棒的课。诚如我在那天座谈会上所言，他并不是总记得自己的课，但是如果他记得来上课了，他的思路就极为清晰，非常有创见，讲得很有意思。当我还是本科生的时候，拉斯莱特于1960年出版了他经典的洛克《政府论》评注本[10]。这是一部不朽的学术作品，他为此花费了近十年的时间。我1959年成为本科生，他的书是1960年出版的。我记得，当时约翰·布罗对我们说，这本书刚刚出版了，你们赶快去读它吧。我确实立马

---

[9] J. G. A. Pocock, *The Ancient Constitution and the Feudal Law: A Study of English Historical Thought in the Seventeenth Century*, Cambridge University Press, 1957.

[10] Peter Laslett, *Locke's "Two Treatises Of Government": A Critical Edition*, Cambridge University Press, 1960.

就去读了这本书,我也确实被震撼了。我最近为了其他事又去再次阅读了这本书,依然能感觉到很有收获。拉斯莱特试图在那本书中指出,洛克的《政府论》确实阐述了一种思考政治的特定方式,但是为了理解这个文本,你必须认识到,这个文本是从一个非常激进的立场介入一场具体政治危机,即我们是否能够将一位王位继承人从王位上排除出去这个问题,而英国人当时正打算这样做。洛克的立场很鲜明。他说,是的,我们可以这么做。他具体说明了,在何种情况下,这种做法是正当的。让我觉得兴奋的是,在拉斯莱特的研究中,一部重要文本被赋予了一个语境。如果我必须选一部作品,促使我下定主意,我们可以在理论上进一步阐释此种处理文本的方式,那就是拉斯莱特的这篇"导论"。让我很意外的是,拉斯莱特从没有从理论上证成这种方法,而且他后来再没有从事思想史研究,他的兴趣完全转移到了历史人口学,但是这确实是一本深深影响了我的伟大作品。我觉得,这本书也对邓恩产生了很大的影响。邓恩是我在剑桥的同代人,我们都是1959年入学,1962年毕业。我对他非常了解。我受到了他的较大影响。他很快就意识到,我和他有关如何教授思想史和如何书写思想史的那些问题的背后掩藏着许多重要的认识论问题,许多有关意涵理论的重要问题。我想,正是在邓恩的部分影响下,我才开始着手处理这些问题。你问我,是否存在一个剑桥学派。其实你可以问,是否拉斯莱特、波考克、邓恩和斯金纳的某些学生以我前面所说的那种方式来著书写作。我们可以来看一下具体情况。波考克当然是一位极为杰出的学者，但是他并没有太多学生。拉斯莱特也是如此，我也举不出很多拉斯莱特的学生，我记忆中有戈登·肖切特（Gordon Schochet）、詹姆斯·阿克斯特尔（James Axtell）等不多的名字。当然，最重要的是邓恩，他是拉斯莱特的学生，他很明显受到了自己老师的影响。就我而言，如你所说，我的学术生涯有很长一段时间都是在剑桥大学。剑桥大学是英国顶尖学府之一，而且它与美国学界有非常紧密的学术关系。如果你在那里执教较长时间，成为那里的"老人"，那么你不可能不成为许多博士候选人的导师。我应该在剑桥指导了三十多位博士生，可能还不止。此外，你的学生会来自五湖四海（包括美国、澳大利亚、加拿大、英国等等），而我这里就是这样。这些学生中的许多人都极为优秀，这也是我的幸事，因此，我有许多非常有天赋的学生，他们许多人继续去研究和书写我所坚信的那种思想史。他们中的有些人后来在剑桥执教，例如安娜贝尔·布雷特（Annabel Brett）、马克·高迪尔（Mark Goldie），他们现在是思想史教授，还有理查德·萨金特森（Richard Serjeantson）。还有些学生在牛津大学执教，例如乔恩·帕金（Jon Parkin）。有一些去了北美，例如詹姆斯·塔利（James Tully）在加拿大。特别是哈佛大学，那里聚焦了许多优秀的思想史学者，例如理查德·塔克（Richard Tuck）、大卫·阿米蒂奇（David Armitage）、艾瑞克·尼尔森（Eric Nelson），他们都是我指导的博士。在英国的伦敦大学，有许多学者以鄙人尊重且欣赏的方式教授思想史，安格斯·高兰德（Angus Gowland）、汉娜·道森（Hannah Dawson）、理查德·贝拉米（Richard Bellamy）这些也都是我指导的博士。我想，我很幸运能在一所重量级大学碰到这些才华横溢的人，他们致力于以此种方式研究思想史。我不知道，这是否算剑桥学派，但确实有许多人在剑桥学习（其中许多是我的学生），他们后来继续以这种方式研究思想史。

张新刚：您认为，政治观念不仅仅是社会现实的产物，而且是政治现实的制造者。从这个角度来理解现代政治和现代史，剑桥学派提出了一种完全不同的对现代世界的理解。根据我的理解，与施特劳斯学派不同，剑桥学派对现代政治提出了一种共和主义解释。我们在您早期的《现代政治思想的基础》和波考克的《马基雅维利时刻》[11]中都可以发现这点，您特别强调新罗马自由观，而波考克则据此对美国革命做出了不同以往的解释。我们是否可以说，共和主义是剑桥学派的现代政治观的意图？

斯金纳：这个问题很有意思。你首先提到了我的下述观点，

---

[11] J.G.A. Pocock, *The Machiavellian Moment: Florentine Political Thought and the Atlantic Republican Tradition*, Princeton University Press, 1975.

即信条体系在一定程度上是社会现实的制造者,但是我的这个主张与共和主义政治没有直接关系。确实,波考克和我都写了不少有关共和主义的东西。我在《现代政治思想的基础》第一卷有不少篇幅是写文艺复兴时期的共和主义,《马基雅维利》。这本小书也涉及这个主题。波考克在更大的范围内研究了共和主义,就是那本你提到的《马基雅维利时刻》,这本书对我影响很大,它是1975年出版的,我当时正在写我的《现代政治思想的基础》。我和波考克一直都对共和主义政治颇有兴趣,虽然我们的兴趣点很不同。但是,我有关信条体系在一定程度上是社会现实的制造者这个看法并不是指向共和主义政治。它是一个非常一般性的看法。我采取的所有理论立场其实都是如此。其中有一个立场对我来说十分重要,所以我简单说一说。信条体系是社会现实的制造者之一,这个主张源自我的下述看法(这个看法应该是无可争议的),即:在政治中,通常情况下,你只能做那些你能够将其正当化的行为。当然了,你可以做一名彻底的无政府主义革命者,或者是仅仅声称自己是在从事圣战。也就是说,你根本不在乎自己能够向你将施以行动的社会正当化你准备做的事,你仅仅向自己所在的社会正当化了这种行为。这些是极端例子。在正常情况下,要想在任何既有国家中成功塑造某种意识形态,情况一般是这样,即:成功的社会变迁取决于成功地正当化你做的事情。特别是当你想要提出某种社会变革时,你需要努力用既有的规范性用语来表达自己，否则你就无法正当化自己的所作所为。当然，这些既有的规范性用语不会在一旁供你使用，它们已经是社会中流行的用语。因此，如果你不得不调用这些用语，你可能需要改变它们的意涵或换一个方式来重新运用它们。而如果你要调用它们，那么这些用语就会限制你到底能做什么。这意味着，若想说明思想家为何采纳某个具体立场，你就必须弄明白这种限制。所以说，规范性语汇的存在一直都有助于建构，到底在那个社会可以说什么和做什么。这意味，它们是因果关系的一部分，而不仅仅是一种事后合理化解释。你也可以这么说，即使思想家声称自己付诸行动的原则仅仅是对某个也许无法公开但确实没有公开的秘密动机的事后合理化，但是，既然需要给出这种合理化，这就意味着它们不仅仅是合理化，这些规范性语汇对你的行为施加了某些限制。这是我真正想要说明的很有意思的一点。

张新刚：剑桥学派的学者主要聚焦现代政治思想，特别是现代早期至 18 世纪这个时段。剑桥学派对于古代（希腊、罗马）政治思想的研究似乎不多。我想问问，是否可以用剑桥学派的方法论来研究古代政治思想？我们知道保罗·卡特莱奇（Paul Cartledge）做过这样的尝试，但是非常困难，因为与现代时相比，古代社会的文献太少了。

斯金纳：这个问题很好。这个问题就是，我的这个方法究竟有多大的适用范围？我说，理解要求我们去认识你所感兴趣的著作家在论辩光谱中的位置，由此得以认识，某个著作家的某个文本在某个进行中的论辩中做出了何种介入。如果我们设想，将此方法应用到（例如）柏拉图的政治哲学上，你可以看到对智者派的攻击，以及修昔底德所记述的城邦世界。你可以看到，某些人试图质疑德性和价值的标准，抵制英雄型德性。但是，柏拉图到底在向谁发话？他在和谁论辩？他到底是在采取怎样一种举动？如何理解这部著作所包含的论战对象？我们可以在一定程度上回答这些问题。我觉得，阿德金斯（Arthur W. H. Adkins）的《美德与责任》（*Merit and Responsibility*）分析了柏拉图对价值标准的回应，以及他此种回应背后涉及怎样的论战。这项研究所做的这种历史重构我很欣赏，而且我认为我们应当努力去做这件事。但是，要想进一步推进这项工作绝非易事。那些以这种语境化方式研究政治理论的人之所以（如你所说）往往从现代早期着手，原因在于，印刷出版物在这个时期开始在西方出现，因此有大量材料可供你探究，研究中世纪理论并不具备这个条件，更不用说研究欧洲古典理论。一旦有了印刷书籍，你就可以通过这些书籍重新制造任何文本的完整思想语境。从事思想史语境研究的人通常都从研究现代早期开始，这确实有意思。我觉得，这可能是出于研究截然不同的社会的兴趣，我本人就是这样。一旦进入现代商业社会，你会感到一切都很熟悉，当然这也可能是一种错觉。但是我觉得，聚焦还没有转变为资本主义社会、还完全不是商业社会的早期历史很有趣。它们是一种贵族君主制社会，与当下社会非常不同。我想，正是这种异质性吸引了历史学家。当然，也有一些有关19世纪和20世纪的类似研究也非常出色，但确实大多数这类研究都聚焦现代早期。

张新刚：在您最近的研究中，您追溯了现代政治学某些关键概念的谱系，例如"国家"和"自由"。您为何选择谱系学？您的这个方法与柯赛雷克（Reinhart Koselleck）的研究方法有何不同？

斯金纳：这两个问题都很有意思。在运用谱系学这个概念时，我并不是在严格的尼采意义上使用它。在西方道德哲学中，尼采的重要文本《道德的谱系》是使用谱系学方法书写道德哲学史的经典范例。但是，尼采运用这个方法时，心中有一个非常具体的主张，即：如果你能够追溯信条的起源，你就能够推翻这个信条的权威性。我的研究与此不同，我觉得尼采有点言过其实，因为既可以有揭示性（unmasking）的谱系学，也可以有颂赞性（celebratory）的谱系学。尼采是揭示真相的大师，他总是努力推翻其社会之信条的权威性。那么，我为什么运用谱系学这项技术？正如我在演讲中所提及的，我运用谱系学仅仅是为了挑战概念分析方法。

在当下西方盎格鲁－撒克逊政治理论中，一直存在这样一种倾向，即：正确的研究方法是确切说明那些我们至少原则上都一致接受的关键观念。你可以在（例如）约翰·罗尔斯的《正义论》中看到这种倾向。他试图对我们应当如何思考正义这个概念给出一个分析。我想说的是，就某些道德和政治概念而言，我们就是无法以这种方式对其做出确切的说明，从而使得大家能够对这些概念的意涵和用法达成起码的一致看法。谱系学能够使你看到这种研究方法的谬误所在。有些概念一直以来就是无止尽的争议和论辩的对象。虽然人们使用的是某个特定术语（我在研究自由理论时就是在聚焦"自由"这个术语），但是这个术语会被用来指涉许多完全不同的理论结构。我们绝无可能使这个术语仅仅指向其中某个理论结构，而将其他用法视为与自由无关而不予理睬。这就是我对谱系学感兴趣的原因。谱系学表明，某些争论是无休止的，故我们无法获得一致接受的定义。

你提到了柯赛雷克，他致力于概念史研究。从我们之前的交谈中你能看到，我其实并不认为，严格说来，我们可以书写某种概念史。我们可以书写的历史是概念的语言表达在论辩中的各种用法。理解某个概念并不仅仅在于给出一个词典条目。柯赛雷克等人做的就是这项工作，即说明这些术语的反复出现。我们需要解释这个术语被用来做什么？为什么我们需要这个概念？运用这个概念到底是为了什么？它在相关论辩中扮演什么角色？如果某个论辩运用了某个概念,那么这个论辩是当时社会的一个核心论证,还是一个边缘论证?它是一个受到质疑的论辩,还是一个普遍接受的论辩?在我看来,聚焦概念本身无法帮助我们了解那种我所感兴趣的历史论辩。我认为,概念是工具,而理解概念其实是要理解人们能够运用概念做什么。这需要一种完全不同于柯赛雷克的研究方法。

第三部分:新罗马自由观与修辞学

张新刚:提到概念,我想聊一聊您对相关概念的使用。据我的阅读所知,您似乎更偏好"新罗马"而非"共和主义"。这是由于"共和主义"这个概念太过于模糊不清吗?

斯金纳:我其实并没有成功地坚持,我们应当谈论新罗马自由观而非共和主义自由观。但是,我还是想抓住我在《自由主义之前的自由》[12]这本书中所引入的这个术语。部分原因在于,我所感兴趣的那个基本观念,其主要渊源是罗马法。罗马法的《学说汇纂》开头对自由的讨论是人们如今称之为共和主义自由理论的一个主要来源。我在《学说汇纂》中读到的一个基本理念是,与自由相对的术语是奴役(slavery),所以自由人和非自由人之间

---

[12] Quentin Skinner, *Liberty before Liberalism*, Cambridge University Press, 1998.

存在巨大的对立。变成非自由人就是成为奴隶（slave）。这里的对立在于自由和奴役，自由在这里是指一种地位（status），即能够独立行动的人所处的地位。他们不是奴隶，所以他们并不依赖他人或不受他人支配。与此相反，罗马法将他们的处境称之为能够根据自己的法权采取行动。由此可见，自由在这里是指某种地位，它并不仅仅与人的行动有关，并不仅仅事关你的某个行为是否受到限制。可以说，它与我们所熟知的那种自由观截然相对。这就是新罗马自由观，因为它源自罗马人的看法。

为什么不称之为共和主义自由？这个疑问确实有点道理。就现代早期和现代政治理论而言，每一位共和主义者都持有这种自由观，无一例外。17 世纪的英国共和主义者，约翰·弥尔顿、詹姆斯·哈林顿等人如此；17 世纪的那些对抗英国并发动美洲革命的共和主义分子如此；法国大革命中的共和主义者亦是如此。所以说，共和主义者坚持这种自由观。但是，某人可能持有这种自由观，但却并不是一位共和主义者，所以我并不希望人们将其称为共和主义自由观，因为对于许多现代早期极为重要的思想家来说，这种说法会引起混乱。

例如，马基雅维利在《论李维》中——特别是在开篇的地方——有时似乎说，在某种君主制下，人们有可能享有一种独立于他人专断意志的自由。这并不是文艺复兴时期的通常观点。文艺复兴时期的通常观点是，我们可以谈论某种自由国家，也就是说，个体在这种国家中是自由的，即：并不生活于一种依赖他人意志的状态中。他们认为这种政体必然是共和政体，但是马基雅维利并不十分确信这点。他觉得，可以有某种统治者在其中受到法律约束的君主政体。这虽然是一种君主制，但是这里并不存在统治者的法外自由裁量权或专权，这里只有法制。如果只有法制，那么就可以称之为自由国家。洛克在《政府论》中也持有相同观点，他也接受人们所讲的共和主义自由观。洛克说，自由在于不受制于专断权力。但是，他认为人们可以生活在一个君主制国家中，但却不受制于专断权力。大卫·休谟在他的《政治论文选》中的说法也是如此，虽然略有不同且有点冷嘲热讽（典型的休谟作风）。他说，虽然自由的正确理解是指不存在专断权力，但是人们在现代开明君主制下遭受的专断权力其实并没有夺走他们的自由，并没有造成任何差异。所以，休谟想说的是，人们对这种所谓的共和主义自由有点小题大做了，人们可以在现代开明君主国（在英国和法国）中完全自由地生活。所以我们这里列举了三位重要人物，他们关注自由和政府的问题，即：马基雅维利、洛克和休谟。他们都认为，人们可以持有一种君主国的共和主义自由观。因此，我们不应当将其称为共和主义自由观，而应当称之为新罗马自由观。

张新刚：无支配的自由是您对当代政治哲学的一大贡献。您在诊断自由主义时指出，无强制的自由这一自由主义自由观无法满足现代政治。您借助古罗马的自由观，解释了现代早期的相关话语，并为现代社会提供了某种指引。您认为，新罗马自由观如何能够加深我们对现代社会的理解？

斯金纳：我确实认为，与我们通常对自由的思考相比，新罗马自由观提供了一个更富有成效且更有益的角度。这里所说的思考自由的通常角度是指西方的自由主义观点。这种自由观认为，当且仅当存在某些干涉，使你无法依照自己的意志而行动时，你才丧失了自由。因此，自由完全显现于表面。你可以看到，人们是否受到了限制，是否被后者阻碍做某事，是否被后者强迫。你可以辨识出所有这些与自由相对的行为，它可能来自于他人或某个团体或国家。与之相对，我提出了这样一种自由观：自由不仅事关个体行为是否受到限制，自由其实是某种地位，即某人不依赖于其他专断权力的地位。与此相对的处境即为，某人至少在某种程度上或就其生活的某个部分而言，受制于专断权力。在这种处境中，此人必然会进行自我审查。这是新罗马自由观的要点所在。

如果人们受制于某人的权力，人们受到某人的支配，人们应当如何行事呢？他们会小心行事确保自己远离麻烦。新罗马自由观使你聚焦——自由主义忽视了——权力在我们社会中的隐形运作。有许多权力并不需要彰显自己。高度权威主义的领袖，如果他很成功的话，他并不需要提醒他的公民，他们受到他的支配，他们知道这点，这种支配就在那。但是，这位领袖知道，由于他们受到自己的支配，有些话他们肯定不会说，有些事他们肯定不会做，而有些话他们必须要说，有些事他们必须要做。这是新罗马自由观的要义所在。如果你处于一种奴役状态，你必然是奴性的，但是请注意，强势方并没有进行干涉，甚至都没有做出要进行干涉的威胁，有的只是对于受到强势方支配的心照不宣。它给予我们的启示是，如果你的生活受到他人支配，这将会全面影响你的行为方式。情况必然会这样，因为你会努力远离麻烦，而你并不确定如何远离麻烦，因此你会保持沉默。这就是权力的隐形运作，你并不会看到它在运行，但它其实就在那里运作。

这也是现在某些西方人对于监视型国家的焦虑。在西方，国家掌握了有关其公民的海量信息，而人们并不知道国家会如何运用这些信息，因此人们会对自己应当如何交流保持警觉。这里并不是因为存在什么干涉或干涉的威胁。由于你不知道国家会如何运用这些信息，由于你开始进行自我审查，你不再使用电子邮件，不再说那些你本来想说的话，这成为我们的烦恼。新罗马自由观能够很好地使我们认识，为什么这种情况应当让我们担心自己的自由，而自由主义几乎不可能使我们认识到这点。比如说，当奥巴马被问及监视国家的权力这个问题时，他说，国家现在确实掌控着大量的信息，这确实有可能侵犯隐私，但是人们得到的回报是安全。所以,他的说法是:确实有监视,监视确实侵犯公民隐私,但好处是确保安全。新罗马主义者会说,这个分析有问题。这里被侵犯的并不是隐私而是自由。

张新刚:在您的《现代政治思想的基础》《霍布斯哲学中的理性与修辞》以及您最近有关莎士比亚的书中,我们看到,您一直对修辞颇感兴趣。我们知道,修辞在古代、中世纪以及现代早期都很重要,特别是在教育和政治论辩领域。您能否谈谈您对修辞的关注,特别是莎士比亚的修辞?您是否认为,修辞对于理解现代政治思想来说至关重要?

斯金纳:如果你研究文艺复兴,就必须将修辞学作为研究重心之一。因为,无论是对还是错,是好还是坏,古典修辞学盛行于文艺复兴时期的知识文化中。原因其实非常现实,因为大学要培养律师,或议会政治家,尤其是将来能够加入教会的人。要想在这些职业中取得成功,一个不可或缺的特长就是善于公开演说。无论是在议会中演说,在教堂中演说,还是在法庭中进行辩护,都必须要善于公开演说,而大学就是在培养你的这项技能。这是一项为他们进入社会做好准备的实践训练,这些社会精英将在这个社会发挥其重要作用。因此,你在中学就会学习修辞,而大学则会进一步加深这项学习。因此,在文艺复兴时期,西欧所有受过良好教育的人,特别是在意大利,当然在法国、德意志、荷兰和大不列颠也一样，这些人脑中都牢记着古典修辞学的规则、方法和相关假定。

我研究莎士比亚的那本书想说明，就他的许多戏剧而言——我称之为论辩戏，它们发生于类似法庭的空间中，当然有些就是发生在法庭中——如果你想要理解这些剧，理解许多场戏的结构，情节设计，相关论辩的方式，这些论辩运用的词汇，那你必须要认识到，莎士比亚醉心于古典修辞的相关技艺并将它们运用到自己的剧本创作中，否则你根本无法理解上述所有这些问题。具体就政治理论而言，我们之所以需要理解古典修辞学是因为修辞学的一个根本假定，即：在法律、道德和政治论辩中，每个问题都有两面。这确立了文艺复兴文化中的下述观念，即：研习（比如说）道德哲学的正确途径是对话，因为对话这个方式考虑到了道德和政治问题必然存在论辩这个事实。若是如此，那么为了结束一项论辩、得出一个最终结论，仅仅诉诸推理（reason）就不够，因为双方都能有一些道理（reason）。因此，想要证明自己的论点，就不能仅仅给出推理，你必须做得更多。你必须要能够说服对方。说服对方并不是通过和对方讲道理，而是要发挥修辞的作用，即（如亚里士多德所说）在逻辑解释性说服法（*logos*）的基础上结合情感性说服法（*pathos*）。为了赢得口舌笔墨之战，逻辑解释性说服法是不够的，你必须煽动听众和读者的情绪。道德和政治理论应当这样来操作。

如果你没有认识到，文艺复兴时期的大多数道德和政治理论都基于修辞技艺和方法，那么你就无法理解它们。如果我们去看霍布斯这样的哲学家——关于他，我写了《霍布斯哲学中的理性与修辞》这本书——我们可以看到，霍布斯对于政治科学这个想法颇有兴致，因而他想方设法解决下述问题，即：修辞到底起到什么作用？是否能够将修辞从政治论辩中完全剔除？起初，与斯宾诺莎一样，他认为，我们可以将政治科学变成完全演绎性的。我们可以首先给出定义，然后得出这些定义所包含的实质蕴涵，这里根本不需要修辞。这是霍布斯早期作品坚持的立场。我想指出的是，霍布斯后来渐渐认识到，自己抛弃了一个有力的理论武器。在他后期的作品中，通过修辞来加强自己的论证变得较为重要。这个例子反映了文艺复兴文化的一个普遍现象，即：如我所说，无论是好还是坏，人们当时醉心于古典修辞术。

第四部分：历史与当下

张新刚：我们前面已经涉及了历史研究的重要性。请允许我从更宽泛的角度再次提出这个问题。在您早期的方法论作品中，您提醒我们不要在历史研究中探寻永恒智慧。那么，历史研究的意义究竟是什么呢？历史研究到底在何种意义上有助于我们理解政治和当下这个世界？您的说法是否意味着，我们只能在过去和现在之间建立间接性关联？如果是这样的话，这是怎样一种关联？

斯金纳：我的有些同事——比如剑桥大学的伊斯特凡·洪特（Istvan Hont）——仍然认为，如果你（像他那样）研究亚当·斯密或大卫·休谟，你会发现，他们提出了一些我们同样会提出的问题，你还会发现，他们要比你聪明得多，因此他们给出了更好的答案。我们之所以研究他们是因为，与当代作品相比，他们为你的问题提供了更好的答案。我本人对这种说法完全不感冒。我也从来没有认为，这是说明我们有必要研究过去时代的正确思路。原因在于，我认为，身处其他社会的人并不是在提出我们的问题，他们身处的社会是完全不同于我们的社会，他们在提出他们自己的问题。我一直都强调，我们的首要任务是努力以其自身方式看待世界，而他们的方式与我们截然不同。这些现代早期社会并不是商业社会，不是资本主义社会，也不是工业化社会。他们提出不同的问题，他们以不同角度来看待周遭世界。

但是我认为，如果你能够在某种程度上从他们自身角度来重构这些社会的道德和政治话语，它们也许有助于我们换一个角度来打量这个世界。它们将我们带入到一个不同的世界，我们可能间接地从中学到一些东西。我认为，这种学习是间接的，因为这种学习方式是：它促使我们反躬自问，（比如说）这是他们对自由的看法，这是我们对自由的看法，但是也许他们的理解是思考自由更有趣、更有利、更富成效的方式。我感兴趣的那种早已被抛弃的国家理论——国家是一个人造人格或道德人格，从而建立起一种政治义务理论——亦是如此。我们已经完全不再这样来理解国家。我们认为国家是政府的同义词。我们是否丢失了一些有价值的东西？我慢慢觉得，也许确实如此。因此，我会给出这些实例来说明，我们可以间接地向过去的时代学习，因为我们会看到，我们没有选择的某些道路也许是更有利于我们的道路。

张新刚：晚近这些年，在欧洲、美国以及世界其他地方都发生了一些重大的政治变迁。哪个政治问题或政治现象最让您担心？思想史学家应当如何去回应当今世界的政治现实？

斯金纳：当我想到我的子女和我的孙子孙女，最让我担忧的是，我们对自己的栖息地以及生存手段的持续破坏。我们必须采取强有力的举措来阻止气候变化，我们必须改变我们的进食方式，我们不能再用肉类来喂饱全世界。如果随着世界人口的增长，我们还如此这般消耗食品，我们将摧毁这个世界。我们不能再用煤炭来提供能源，不然的话，我们将造成大幅度的全球变暖。我们必须寻找种植食物的新方法和制造能源的新途径。这些都将是巨大的挑战。当然，除此之外，还有一个20世纪遗留下来的挑战，当今世界的好几个国家都拥有足以摧毁整个世界的军事力量。在20世纪中期的某个时期，这样的国家随时准备动用这种力量。这些都是我们如今生活的这个世界中极为令人恐惧（不仅仅是令人担心）的问题。思想史学家与其他关心社会的公民一样都无法解决这些问题。我希望思想史学家都是关心社会的公民，但是他们所受的学术训练并不能使他们解决这些问题。

但是我想说一下，当下我们身处的政治世界最让我担心的问题，虽然它并不是首要让我担心的问题，但却是当下着实让我很担心的问题，即：新自由主义国家、新自由主义经济如何在西方被突然声讨？我并不是说，这个声讨是不对的。新自由主义经济和新自由主义国家破坏了福利国家，故而破坏了国家对公民的慷慨宽厚。此外，它们极为冷酷无情，为了促进经济的发展而将劳动力外包。结果我们看到，社会比之前两代要远为富有，但却同时变得极为不平等。这使许多人无助地身处于后工业经济中。这里开始喷发出深层的历史力量。我们看到，随着脱欧决定的做出，这个历史力量在英国喷发。那些感觉自己被欧盟剥夺了公民权的人们是这个决定的推动者。我们在美国的特朗普当选中也能看到非常类似的东西。特朗普的大量支持者是那些被剥夺了公民权、面临着被裁员的白人工人阶层，因为所有工作都被外包了，美国所有的工业生产线都或多或少是在美国之外，它们被设在墨西哥、南美，如果是高科技产业，则被设在印度。欧洲各国也是如此。现在如果你要在英格兰出版一本书，所有的电子排版以及与出版有关的所有其他工作都是在印度完成的。新自由主义经济（也是全球化经济）正在寻找更加便宜的劳动力。当然，如果你拥有廉价劳动力（比如中国），那么你可以为全世界制造所有产品。中国是一个工业化经济体，每天都有惊人的生产量，而其他人都从这里购买商品。但是，在许多后工业经济体那里，不再需要工业劳动力，而这些工业劳动力现在真的已经开始为我们的政治施加压力。我赞同为这种举动辩护的某些理由。

但是另一方面，这种压力以某种方式通过民粹主义表现出来，这在我看来是十分危险的。去年夏天，英国通过公投决定离开欧盟，驱动这场公投的其实就是某种民族主义、排外情绪，甚至是某种种族主义。公投的成功带来了许多有关"人民的意志"以及"正在发声的人民"这样的说法，美国也是如此。这是一种非常危险的说法。并不存在"人民的意志"这种东西，人民并没有做出同意。在英国，少于52%的人投票赞同，48%多一些的人投票反对。这根本不是人民的意志。这里有两个意志，而且几乎相等。如果你问，有多大比重的合格选民投票赞成英国脱离欧盟，答案是37.5%。这也不是人民的意志，这甚至不是人民的大多数。因此，"民主就是人民的意志"这个观点是十分危险的。此外，"人民的意志最重要"这个观点在英美携带着一种攻击法治的意向。我对此格外担忧。英国政府之前试图未经议会批准通过脱欧法案，后来这件事交由法院来裁决，不列颠高等法院做出了不支持政府的裁定，因为这个做法违宪。事后，法官遭到了猛烈的抨击，被指摘为人民公敌。特朗普那边也发生了类似的事情。他发布了行政命令，将来自穆斯林国家的人阻挡在美国国门之外。联邦法官后来裁决，这项行政命令因种族歧视而违法，因此暂停了这项行政命令。特朗普指摘法官。由此可见，这种民粹主义带来了对法治的指摘，这非常危险且十分让人担忧。

张新刚：您认为，政治思想研究在过去半个世纪发生了哪些变化？与1969年您发表那篇方法论檄文时相比，您觉得思想史研究目前发展得怎样？

斯金纳：1969年以来的变化非常明显。其中一个变化是许多思想史研究采用了我和其他人在1960年代提倡的那种方法。当然，更为重要的是，出现了许许多多的思想史研究。1960年代晚期的西欧学界，下述有关历史学核心的观点一下子就隐退了，即：历史学是一门主要研究社会经济问题并采纳统计学技术的技术性学科。再也没有人持此种观点。我并不完全清楚这其中的原因，但是我觉得，后现代方法论的兴起肯定起到了某种作用，虽然1960年代以来这种后现代方法论也在逐步隐退。关键在于，随着历史学主要是一门研究社会经济问题的技术性学科这个观点的隐退，人们开始对文化史和思想史产生极大的兴趣，因此现在有了许多思想史的学术刊物。思想史研究越来越多，而且做得越来越好，这就是主要的变化。

当然，思想史研究从那时起越做越好的另一个原因是计算机革命。它使得历史学家甚至几乎所有人都能够进入许多数据库。这些数据库有海量的信息可供搜索。这样一来,历史研究的学术水准也相应大幅提高。之前,在极少数情况下,人们会为著作家写的每个字做完整的索引,这些索引可都是手写的。英语著作家中只有很少一些人有这种索引。就现代早期而言,有弥尔顿的索引,有莎士比亚的索引,但也就那么几个人。现在不一样了,学生都有了数据库,他们可以在网上找到几乎任何一本现代早期的文本,可以搜索,可以下载。你可以查看谁最早使用某个术语,谁最后使用某个术语,这个术语被反复使用的频率,这个术语的意涵如何发生变化等等。本来需要毕生精力才能完成工作,现在只需要一个上午就够了。

张新刚:您自己研究思想史已经好几十年了,您现在的思想与您早期的思想是否有所不同?

斯金纳:我当然希望,我的思想是在变化的,毕竟这个世界在变化。如果我还是和几十年前一样,那好像有点糟糕。我觉得,我自己意识到的变化有两个(也许还有一些我没有意识到的变化)。一个变化是我不再像以前那样偏好实证主义哲学。我不再那么执着于事实,我现在更能够认识到模糊性。我觉得,我受到了源于20世纪60年代和70年代库恩(Thomas Sammual Kuhn)、罗蒂(Richard Rorty)等人的后现代文化以及反基础主义认识论的影响，他们对我的影响很大。我不再那么实证主义，我更能接受模糊性，我更愿意相信我们自己仅仅是诸多部族中的一个，以及其他诸如此类的20世纪晚期思想。另一个转变，我们之前说起过。当我刚刚开始从事学术研究时，我并不觉得我们可以较为容易地直接从过去的时代获取某些教益。我倾向于认为，研究过去的时代是一项人文主义事业，我们确实不需要再多说什么。如果你想理解文艺复兴时期的某件伟大的艺术品，那么你就需要了解许多相关的信息。人们（至少在受过良好教育的人之中）并不会问，你为什么想要去知道某件艺术品或某首音乐等等。人们都会承认，它们是人类心智和灵魂的伟大成就，我们想要去深入了解它们，而如果想要全面深入地了解它们，你就需要成为一位历史学家。我现在开始觉得，虽然研究过去时代的人文主义理由没有任何问题，我也依然对其坚信不疑，但是我现在比以前更加认为，我们其实可以间接从过去的时代获取某些教益。这是我的一个变化。

张新刚：最后，我想请您为思想史及人文学科的年轻学者提些建议。他们应当做好哪些准备，应当在研究中避免哪些陷阱？

斯金纳：我觉得，如果要给别人提点建议，那最好针对具体某个人，因为只有具体的建议才比较有价值，因为你需要在给出建议之前了解对方的具体情况。如果一定要给年轻学生一点一般性建议的话，我想说说这样一个问题。至少在西方，人文学科非常容易追赶潮流,而潮流变来变去。我自己也曾经好几次赶上过潮流或落伍于潮流,我这个岁数的学者肯定都是如此。这里的危险在于,年轻学者会发现,有些课题非常流行,然后他会对自己说,那好吧,我挑其中某个来做准没错。他就开始去研究这个人人都在讨论的问题。但是才刚过去半年,他却发现,已经没有人再讨论这个问题了。真的,确实很可能出现这种情况。因此,我的一般性建议是一直追随你自己的学术热情,研究那些你真正感兴趣的问题。它们可能是流行的,也可能不流行的,但是流行的东西总是瞬息万变。流行的东西可能很快就不流行了,不流行的东西可能很快就变流行了。只有当你真正在乎自己所做的研究,你才能够抵御潮流的侵扰。

当我 1970 年代在普林斯顿大学写作《现代政治思想的基础》这本书的时候,普林斯顿大学的历史系都在鼓吹这样一种看法,即:我们研究的历史是社会经济史,研究方法是量化统计方法,这是历史学的核心。因此,我做的那种研究根本就没有人做,也很难被其他人理解,非常边缘化。但是我对自己的研究坚信不疑,我并不想做其他的事,我就想做这样一种研究。你坚持自我,其实总是会有回报的。后来事实证明,很多人对我的这项研究感兴趣。我来到中国后发现,我的许多书被翻译过来了,而且还有许多人读了这些书,我从未想到会是这样。我真的非常感动。

第三部分 座谈

政治思想史：主题与方法
——昆廷·斯金纳与青年学者座谈实录

田晨阳 译

张新刚：大家下午好，欢迎来参加此次现代政治思想史研究的对话。我们很荣幸地邀请到昆廷·斯金纳教授来参加这次对话，就我们所研究的领域展开讨论。斯金纳教授已经做了三场精彩的讲座——思想史研究方法论、马基雅维利和霍布斯。大家都知道，自20世纪90年代后期以来，政治思想史研究在中国引起很多学人的关注，20世纪欧美世界的一些重要的学者和流派被引介到中国学术界。我相信在座诸位都对思想史研究中的重要流派——剑桥学派非常感兴趣。今天对我们年轻学者来说是一次难得的机会，我们可以和斯金纳教授当面交流。我们首先请斯金纳教授就今天讨论的主题先做一个简要的开场白。

斯金纳：正如新刚所说，政治思想史学科在中国越来越受欢迎，这让我颇感惊讶。学生们在之前的讨论中给我留下了非常深刻的印象，不仅在于他们出色的英语能力，而且在于如此不同的传统中有那么多人阅读这门学科的文本。在西方的知识界，思想史研究在我的职业生涯期间变得更为突出。在英语传统中，我将之有点怪异地归因于马克思主义作为历史研究中统治方法论的衰落。当我在20世纪60年代成为一名学者之初，法国、英国和美国都以某种特定的马克思主义的方法为主导，但需要指出的是，这也是一种非常保守的思考历史的方式，它假设所有的根本解释都将是经济性的。这在当时法国的马克思主义中尤为重要，在柯德尔（Cordell）的法国史学中同样也非常重要。我们很难再次体验法国对欧洲知识分子的影响，它们的知识传统对美国历史学家影响甚大。他们认为你拥有的经济形式是最重要的，起着决定性作用，而社会的智识生活在整个解释中完全是次要的，所以历史学家不应对此花费太多精力。即使不那么次要，智识生活也被认为是一种副产品，它只是社会经济状况的简单反映。这种思考过去的方式对严肃看待历史哲学和思想史显然是毁灭性的。与此同时，哲学家们对他们所研究对象的历史失去了兴趣，因为他们广泛地接受了英语哲学中的一个特别观点，即哲学是可以对一系列问题提供不同答案的学科。这些问题是哲学问题，是关于空间、时间以及认知的问题，甚至可能是道德和哲学问题。可是重要的一点是，它们没有历史，仅仅是你可以直接提出问题而已。从历史学家和哲学家的角度来讲，人们信仰的历史、思想的历史、哲学的历史是不受重视的。

但是后来所有这一切都改变了，这其中的原因包括后现代主义强烈地反对思考历史的实证方法，作为历史方法论的马克思主义在后现代的冲击下失去其至高无上的地位；在英语世界，面对20世纪大多数时间里发生的各种重要的文化运动，哲学的共识消解了。现在有许多名为《思想史杂志》《思想史》或《英国思想史》的杂志。和中国一样，这个学科在西方已经变得非常重要了。我深受触动，因为你们在中国做了大量的翻译工作，这可以帮助人们更好地了解西方的传统。我想说的第一件事情就是，这个学科是我们曾经称之为观念历史的分支学科，目前在西方已经非常繁荣。现在我不想更多地介绍了，因为我非常期待今天下午的对话。尽管目前为止我们还没有进行任何对话，是我一直在讲，我并不希望如此。我渴望展开对话，听听你们的意见。你们已经听过我的三个讲座，所以在讨论前你们已经听我讲了六个小时。在接下来的两个小时，我想听听你们的，所以请提出任何你们想提的问题，或者可能仅仅是做出评论，或者提出任何你们认为好的观点。

段德敏[1]：您刚刚提到了马克思，我想以刚刚浮现在我脑海里的东西开始我的问题。今天早上，我和学生正好讲授了卡

---

[1] 北京大学政府管理学院副教授。

尔·马克思。众所周知，早期的马克思和后期的马克思并不是一样的。许多思想史的学者试图重新发现早期的马克思，进而与后期的马克思做出区分。他们试图从早期马克思的著作中重新发现一种共和主义。像尚塔尔·墨菲或其他一些学者，他们试图重启这些资源来对我们当代政治议题提出批判性的思考。以我所见，他们正在进行非常重要的工作，可以为我们面临的复杂问题提供一个不同的视角。我想听听您对此的评价。

斯金纳：很好，我想谈谈与思想史有关的马克思主义。在马克思研究的历史编纂学上有一个非常重要的时刻，即所谓的《1844年经济学哲学手稿》开始进入20世纪60年代马克思主义讨论的主流。这在西方马克思研究中引起了极大的震动，因为这些并不是经济决定论的故事，而是人道主义解释，以及家庭与国家关系的关注等。黑格尔关于国家异化的问题仍然是中心问题，正如你所说，马克思在手稿中关于克服异化问题的讨论是共和主义式的，尽管并不能认为那时人们在讨论共和主义。我不认为那种讨论令人满意。当然了，如今菲利普·佩迪特（Philip Pettit）和其他人的工作给我们提供了思考关于自由与异化关系的语汇，那是一种马克思主义的思考方式，却依赖于整个源自罗马的传统。重要的是马克思曾受过部分罗马法的训练，他早期大量的材料来自于对罗马法的词汇的思考，尤其是如果你的生活处于被支配地位，那意味着什么，那就意味着你是奴隶。马克思在早期关于劳动力异化的著作中对那种思考奴隶制的方式很感兴趣。那显而易见是人道主义的，正如我们现在称之为对自由思考的共和主义方式。我在明天的演讲中会谈到这个问题，所以现在就不再多说了。我想让人们更多地注意到 1884 年的手稿，那是西方马克思研究史上革命事件的核心。

我想在这里更多地探讨一下马克思主义和思想史的关系。我不是在讨论马克思本人，尽管他显然是一个思想史学家，同时也是一个经济史学家。我在此想讨论的是，英语传统中主要的马克思主义学者在其影响力鼎盛之时，思想史研究发生了什么变化。我想到了英国的克里斯托弗·希尔（Christopher Hill）和加拿大的 C. B. 麦克弗森，还有劳伦斯·斯通（Lawrence Stone）和所有那些撰写资产阶级革命社会成因的人，以及资产阶级革命观念，这是佩里·安德森（Perry Anderson）对近代以来欧洲变革所做的概念化总结。这些学者都采用了马克思主义的框架。马克思主义的框架不见得就是卡尔·马克思的观点，但在解释社会和经济变化时，他时常被认为持有这些观点。人们的信仰体系是附属的，也就是说，它们在麦克弗森的解释中是经济社会形态的反映。西方历史学家从中获得的不那么重要的一点是，如果思想的历史是社会经济力量的一个附带现象，那么显然人们所宣称的表明原则的信仰在社会变革的解释中不会具有任何的因果作用。所以我们不必再去思考那些解释社会变革中的意识形态因素，因为意识形态是附带的。

　　这个论点确实需要进一步分解，因为假设你承认人们宣称的原则是为了将其参与社会行动的社会经济利益合理化，这就是我们在西方所说的"庸俗马克思主义"。它根本不是马克思的观点，而是我现在所谈论的历史学家们的观点。可以假设，我为了采取行动而声称的原则是对自己社会经济利益的合理化，那是否能进一步推论它们在解释我的行为方面没有任何因果作用呢？答案似乎很明显，不起因果作用，因为我们刚刚提到那是一种合理化，合理化不可能是一个原因。需要原因解释的事情处于序列的错误部分，这不是因果关系的一部分，而是因果关系的合理化。那显然是克里斯托弗·希尔和麦克弗森的论点，同样也是劳伦斯·斯通和西方经济史学家的论点。这个论点有什么问题？我想要告诉你们一个非常普遍的历史原则，在社会生活中我们通常只能做我们可以将之合理化的事情。我希望你们能够思考一下，因为这是关于历史方法的非常普遍的主张。你可以成功做什么取决于你能规范解释你所做之事的能力，除非你完全拒绝这个社会，完全不在乎你和社会之间关系。可是对变革社会有兴趣的人来说，这将是一个非常奇怪的立场，因为无论如何他们处在社会之中。所以如果你希望我们的社会发生变革，哪怕你想要的是革命性的社会变革，那么实现巨变的能力取决于你是否有能力合法地解释那场变革。你必须对变革做出规范的解释，否则没有人会留意到它。

那个规范的解释可以同你的动机无关,可是如果它完全独立于你的动机,那将是不可思议的。只要它不是基于动机对行动做出的解释,它将会进入历史分析。让我们回到困难的问题,你的动机可以存在于任何地方,除了合法化要求。这点是马克斯·韦伯针对马克思提出的。合法化的要求能够限制你做什么,因为你需要规范地解释你正在做的事,至少使得你的行动对于那些你需要说服的人来说是合法的。但是如果这样做的话,你的行为就会受到限制,因为即使不受你所信奉的原则的驱使,你的行为也必须与你的动机要求相协调。这是韦伯在其有关新教伦理和资本主义精神的著名论著中赞成的观点。资本主义如何才能在一个并不习惯于资本主义的社会变得合法?宗教有多方面的机制和手段,但重要的是它将限制资本主义所包含的形式。规范的合法性的需求将限制社会行动可以采取的形式。

我在早期发表过很多这方面的批评文章,不是因为我是反马克思主义者,而是因为我反对西方历史学家使用马克思的思考历史的方式,这实际上否定了观念在历史上的作用。一旦你接受了我批评其基本原则的立场,即你只能采取那些能够在社会上规范合法化的行为,那么你会发现,社会变革的解释将紧紧依赖于对那个社会中什么是道德,什么是公认的道德原则以及什么是广泛接受的行为准则的规范性理解。我想要讲的故事不仅仅是关于人道主义的马克思,这个非凡的、引人注目的人物,而且是一些历史学家和哲学家所塑造的成熟的马克思,以及他们是如何理解马克思主义的。那种马克思主义的理解影响逐渐式微,随后开始了思想史研究繁荣的序幕。

李筠[2]:在中国,剑桥学派和施特劳斯学派对学者和学生有着深刻的影响,但是众所周知,两个学派之间存在着巨大的差异。我认为您的讲座也提到了这些不同。在您著名的《观念史中的意涵与理解》一文中,您提到历史只有在范式被抛弃时才能够被加以正确解释,指的是施特劳斯的范式。我认为您展现了两个学派之间的激烈冲突。您如何评价施特劳斯学派的研究?您又如何评价施特劳斯曾说过的"政治哲学是政治对哲学的守卫"?您曾提到过的"恢复意图是解释性工作最重要的事情",它和您的方法有什么相似之处吗?非常感谢。

斯金纳:很感谢你的评论,我愿意谈一下施特劳斯。让我很惊讶的是,他在中国学界变得如此重要。毫无疑问,我注意到了这一点。任何研习思想史的人都无疑在一点上受益于施特劳斯,即他认为西方哲学家们存在一系列经典文本,我们都应该熟读,并且他始终坚持认为这些文本应该得到非常仔细的研究,这当然是正确的。施特劳斯和他的学生当时处于我们学科历史上的困难

---

[2] 中国政法大学政治与公共管理学院副教授。

时期。他们主要活跃在美国芝加哥大学，也在哈佛大学和其他一些美国重要的学术中心。我非常尊重那种我们必须接受经典文本的观念，一些非常好的学术成果也由此而诞生。我的诠释学观点与施特劳斯和他的学生们有很大的不同，他们专注于经典文本自身，将之作为从中能够直接获取智慧的对象，认为从中可以习得真意和智慧。施特劳斯和他的学生毫无兴趣的东西正是我最感兴趣的东西，即这些文本在社会中扮演着什么角色，它们为何被写就？它们在什么样的对话中做了什么样的介入？作为一个历史学家，我对哲学显然也很感兴趣，但是我想尽可能地用当时的术语重构过去的那个社会。我严肃地认为，哲学不是只处理一系列哲学问题和国家永恒问题的学科。如果你回顾一下哲学史，问题和答案始终处于变化之中，那是因为他们提出并回答的问题，容易受特定社会影响而表达那个时代的困境，它始终处于变动之中。以我所见，如果我们寻求对这些文本的历史理解，那么任务之一便是努力将文本置于一个语境中，让我们能够理解它们为什么写成于那个时间，它们为何有那样的主题，它们何故会出现。这些是需要解决的各种问题。施特劳斯学派对这些问题不感兴趣，他认为文本就在那里，文本需要解读。举个例子，我在昨天的演讲中提到过，霍布斯的哲学是在一场刚刚结束的内战中写出的，对我而言这一点非常重要。霍布斯说，这是一本关于政治义务的书。为什么我必须服从国家呢？那我何时能够不服从它呢？答案是国家的存在是为了保护我，它并非出于正义的原因而是出于保护的理由。我承担义务的限度在于其履行保护的限度。那是一个非常引人注目的有关义务的观点。施特劳斯感兴趣的问题是，那是真实的吗？我们应该接受它吗？他认为我们不应该那么做。我感兴趣的问题是他为什么这样思考。如果你提出这个问题，你会发现介入了一场关于英国是否具有合法性的辩论中。具体来说，当时人们流行的看法是，因为君主是上帝赐予的，废除君主制就是不敬的行为。你可以认为这是合法的，因为君主制就像僭主制一样，所以我们应该成立一个共和国，那是从政府立场出发的观点。或者你认为政府在于保护，你必须服从那个为你提供保护的机制，而无论它是什么，这是霍布斯的观点。霍布斯写《利维坦》是对那个时候政治义务危机的回答，这也是他写作《利维坦》的原因。所以如果我们想要理解《利维坦》，却对这些问题不感兴趣，那在我看来这就是不可思议的事情。那是我的解释原则。我当然对这本书及其所宣称的东西感兴趣，它对权利和义务的关系、正义和安全的关系都有很好的论述。我们需要考虑这些事情，可是如果我们想要理解它，那么必须理解文本写作所在的社会以及文本所要处理的危机。因此，我提出了不同于施特劳斯的问题。他们对我的问题不感兴趣，我却对他们的问题很感兴趣，但我认为他们理应对我的问题也感兴趣。这是我想要说的第一点。

另外两点我想谈论施特劳斯的，首先是他并不是一个历史学家，而是一个道德主义者。从道德哲学的角度，他认为现代西方在某种程度上误入了歧途。他提出的分析在 20 世纪初的德国哲学中非常普遍，你可以在海德格尔那里找到它的一个版本，在施密特那里发现它的另一个版本，这是从尼采的立场出发对个人权利观念的极端敌视。施特劳斯抛弃了作为客观道德的基督教自然法观念，而这正是国家中公民德性的基础。就施特劳斯抛弃这个观念及其对个人权利理论的毁灭来说，不亚于施密特在西方世界对国家的破坏。所以你在施特劳斯那里发现的是极端的反现代和极端的反道德主义。在西方，现代主义的故事伴随着个人主义、权利理论的兴起，国家理想的分化以及某种道德的相对主义。施特劳斯认为古典德性才是政治上正确的德性，所以现代化是一个腐败和堕落的故事。我现在并不想在这里评判施特劳斯对现代性的攻击，尽管我有自己的看法。我认为这是一种极端的反现代主义，在这里再次失去了个人主义的社会，失去了作为社会基础的基督徒伦理，但放弃基督教的自然法则带来了一些有益的结果，如在不同的宗教之间宽容度增加了，以及政教分离。我不得不说，如果作为一个道德主义者，现代性显然是有益的。但正如我所说，我不是在这里批评或认同施特劳斯的反现代主义，以及他对现代西方的抨击，我只是认为历史学家的工作不是去攻击或捍卫现代西方，其实现代西方能照顾好自己。历史学家的工作是试图了解过去，看看它是否对如今的我们还有价值。施特劳斯是一个道德主义者,并且是一个非常强力的道德主义者,而我不是一个道德主义者,我认为历史学家尽力避免提供价值判断,历史学家应该试图去理解。因此,如果施特劳斯是一个反现代主义者,那我也不是在这个意义上反对他。那不是历史学家的任务。这是我想谈的第一点。

第二点则完全不同。施特劳斯专注于这样一个观念,伟大的经典是写给精英的,而且其中含有一个隐微的信息,这个信息只提供给精英而不是别人。如果没有领悟到这个隐微的信息,我们就不能理解这个文本。然而,怎样才能确定一个特定的文本是否含有一个隐微的信息呢?施特劳斯在他那本精彩绝伦的小书——《迫害和写作艺术》中给出了答案。在政治迫害的年代,写作必须采取他所谓的间接策略,你不能说你的想法,你必须采用间接表达的方式。那么,我如何确定任何给定的文本具有这种特质呢?如果它是在迫害的年代中所写的,它就具有这种特质。那么,什么是迫害的年代?什么样的年代会有这种特质的写作?我可以理解间接写作的社会环境,但我不认为这是一个接近西方思想经典的有益方式。尽管施特劳斯并不同意,大多数站在经典之列的作家都明显是无畏地表达自己想法的人。霍布斯、斯宾诺莎、卢梭、马克思或者任何与社会高度对立的作家。那些完全不是间接写作的人,对自己的写作和事业有着难以置信的热情。像斯宾诺莎这样的人,是对不存在隐微的信息相当有力的证明。施特劳斯奇怪地误解了很多哲学作家的心理。所以我向来不能同意秘密写作，并且从来没有发现它作为一个一般的说法是令人信服的，我从来没有觉得它可以帮助我们理解经典。这是我的第二点观察。

这些是我不喜欢施特劳斯的所在。如果你给他一个文本去研究，他总是有一些有趣的事情可以告诉你，你总是可以从阅读他的作品中获益。尽管我对他关于马基雅维利的著作评价不高，我认为他写一本关于马基雅维利的书是不明智的，因为他完全不懂意大利语。一切都是翻译过来的，而翻译在当时很糟糕，所以这不是一个合适的学术作品，我的意思是施特劳斯不应该写它。如你们所知，我真的不喜欢他那本最著名的书《自然权利与历史》，这是对西方的巨大攻击。我不想抨击西方，也不想捍卫西方，我不认为那是我们应该做的事，那不是我们的任务。施特劳斯写了一本有关霍布斯的非常精彩的书《霍布斯的政治哲学》，这是一本剑桥学派式的著作，一本非常好的书。他研究了霍布斯的手稿，他是最早这么做的学者之一。我在20世纪60年代研究了这些手稿并且出版了很多霍布斯首次披露的信件，我还发现一些霍布斯未曾发表的手稿。我做了一些前人未完成的工作，霍布斯没有被以适当的历史精神去研究。过去很少有人研究过这些手稿，但是施特劳斯研究了。他知道要研究它们是因为滕尼斯曾研究过。所以两个主要的霍布斯学者都是德国人，他们掌握了正确的研究路径。一个是18世纪80年代的滕尼斯，另一个是19世纪30年代的施特劳斯。当我开始研究霍布斯时，他们是我的榜样，他们让我知道必须发现更多的东西。施特劳斯发现霍布斯在贵族家庭中被雇佣为家庭教师以及他的教学内容，事实上他在教亚里士多德和卡斯蒂廖内（Castiglione），他正在教授伟大的古希腊经典和文艺复兴的作品。在他所发表的著作中，他宣称鄙视这些东西。霍布斯比他自己想象的更热衷于文艺复兴时期的人文主义哲学。施特劳斯洞悉了霍布斯的这个伪装，那是非常好的。我的意思是说，你不必采用秘密写作的方式，因为那就体现在霍布斯所受的教育中，我昨天晚上谈到了这点。你所要做的就是查阅一下牛津大学的教学大纲，看看他学了什么，这是你可以轻易做到的事情。然后再看看他的自传，那里会告诉你他被教授的课程以及他说的那一堆谎言，你可以从教学大纲里知晓他学了什么，从他作为一名老师的工作知晓他教了什么。霍布斯与文艺复兴时期的人文主义文化有着深刻的关系，这影响了他分析美德的方式、思考自然法的方式以及何以导致和平的观念，进而产生了施特劳斯所称的公民哲学（Civil Philosophy）。《霍布斯的政治哲学》是一本非常了不起的书，如果他到此为止，我会非常钦佩施特劳斯。

杨璐[3]：感谢斯金纳教授，我昨天聆听了您关于霍布斯的讲

---

[3] 中国政法大学社会学院讲师。

座,我感觉在霍布斯和大卫·休谟之间存在着某种延续性。他们都表达了对无政府的忧虑,都想在王权和自由之间取得平衡。霍布斯写了另外一部有名的书《比希莫特》,他在书中对内战进行了生动的描写。在那本书中,霍布斯观察到普通民众缺乏理性,需要绅士的领导。可是那个时期下议院中的民主绅士被狂热的精神支配,试图鼓动挑战王权的权威结果是一切秩序都烟消云散。人们一旦被鼓励去消除上下之别,他们对安全、和平和财产的重视就消除了,公民义务和政治责任也一去不返。我认为霍布斯的历史描述与休谟非常相似。特别是休谟多卷本的《英国史》,他在书中采用了一个很相似的历史样式。基于休谟和霍布斯对英国的观察,英国似乎有两个面向,一边是英国的意识形态,包括主教贵族的王室权威,另一边是自由,约翰·洛克阐明的财产权。难题是如何在两者之间取得平衡。我认为这是英国的传统和政治智慧。那么我的问题是,在维多利亚时代晚期,为什么贵族、乡绅和社会精英顶不住左派的冲击?当时的社会结构发生了怎样的变动?左派精英分子中持中道观点的,如费边社的韦伯夫妇,为什么不能替代传统的乡绅和传统精英政治家,成为领导英国走向的真正的政治家,却使英国政治思想在第二次世界大战后滑向庸俗的左派?大英帝国的危机到底是什么?维多利亚时代晚期,英国社会阶层与舆论氛围到底有什么变化?新的精英为什么没有出现,或是已经出现,但水平越来越低?

斯金纳：非常好，你发现了为自由大声疾呼的民主绅士与支持君权的休谟和霍布斯之间的对立。后来那些为自由疾呼的人彻底战胜了那些试图恢复王权的人。我认为这是非常有道理的。这是一个很难回答的问题，但我会试着用两种方式来回答。首先，我非常喜欢你提到休谟和霍布斯的思想关联。我一直认为这将是一个非常重要的研究课题，而学者对此还没有太多的讨论。休谟深受霍布斯的影响，我认为你在那里提出一个非常重要的观点。我可以在你观点的基础上补充两点。休谟有两个哲学上最核心的观点实际上是来源于霍布斯的。一个是他的人性科学。在 1737 年《人性论》的分析中，休谟渴望写人性的科学。休谟学者倾向于认为这是休谟将牛顿的原则应用于社会领域的表现。但我认为霍布斯的著作《论公民》以及更重要的《法律要义》没有得到充分的强调。《法律要义》1650 年出版的只是手稿，因此在 1650 年就可以看到。霍布斯在《法律要义》中宣告希望创作出政治的科学。如果你看一下霍布斯的《法律要义》的章节标题，然后你再看一下《人性论》的章节标题，你就能发现休谟在模仿霍布斯。

休谟另外一个不同于许多其他学者，却对他自己道德哲学至关重要的观点是，他声称理性永远不能激发行动。这被认为是休谟最重要的主张之一。他有一个著名的警句：理性是且只能是激情的奴隶。整个 17 世纪的认识论在这里发生了转向。如果你联想到约翰·洛克的《人类理解论》。它假定自由行为是理性的行为。

当且仅当你是出于理性的动机，你才是自由的行动，而不同之处在于是理性驱动，还是被灵魂的激情驱动。如果你被诸如仇恨、嫉妒和愤怒的灵魂激情所激发，那么你的行动就不是自由的行动。如果那些行为是放纵的，那么你就是激情的奴隶。当然你可以受激情的驱动，但那就不会是自由的行为。休谟认为这是错误的方式，因为我们只能被激情所驱动，唯一让你行动的是激情。这正是霍布斯在《利维坦》第六章提到过的。《利维坦》第六章讨论了自愿行动的内在开端，这正是现代西方哲学中类似观点的表述。我不知道为什么人们把这种观点称为休谟式的，因为休谟从霍布斯那里借鉴了这个观点。霍布斯所说的东西在现代哲学心理学中变得非常重要。如果你想要达到某个目的，推理能告诉你如何达到那个目的，那是理性的力量。你想要离开这个房间，你应该从门走出去，那比从窗户爬出去明智得多。我的意思是这是理性的力量，但是这不能解释你为什么要离开房间，离开房间是因为一些激情，比如我再也忍受不了或者诸如此类的原因。霍布斯在《利维坦》第六章中给出了分析，唯一可能的动机就是激情。所以从这两个方面看，我认为休谟非常依赖于霍布斯。

  我还非常喜欢你提出的另一个观点，我之前没有思考过它。休谟和霍布斯都写作历史，休谟写了六卷本的《英国史》，霍布斯只写了一卷本的《比希莫特》。休谟抨击那种对 1688 年后英国宪政历程的激进解释，他认为平衡更倾向于绝对主义，可以带来稳定，应该更受欢迎，那才是人类历史道德力量的一部分。在《比希莫特》的开头，我们又可以看到休谟的影响。他实际上是在谈论民主的绅士，他们由于坚持反抗王权的自然权利而摧毁了英国。所以这是另一个事例表明，他们两个实际上从事的是共同的事业。

  我非常喜欢你所说的一切，最后你问到英国如何成为民主国家。我猜想答案很重要的一个维度是关于自由是什么的思考，人们对此总是有一个特定的观点。霍布斯和休谟反对那种激进的观点。我们在早期的马克思那里可以看到自由这一激进版本，这虽然是马克思的观点，但马克思却是从长期的传统中得到它的。在这个传统中，自由不是被解释为对立或者障碍的缺失，而是被解释为没有依附，所以自由与奴役相反。这是马克思的观点，也是激进民主的观点。霍布斯拒绝那种纯粹的自由，他认为是一个巨大的错误，自由不是无依附。霍布斯是一个彻底的唯物主义者，他认为自由只能是物体行动的自由，因为运动中的物体才是真实的，所以自由只能是物体的运动。需要注意的是，这里的物体可以是人的身体，或者像我们用英语所说的那样，它可能是一个水体。霍布斯举了一个例子，你把水倒进杯子里，它不是自由的，但我倾倒杯子时它则是自由的。水很容易受到阻碍，杯子阻碍了它。这是霍布斯的例子，那才是自由。如果那是自由，那么将自由视作一种价值的观点，即如果你是奴隶，你就不自由，霍布斯认为很荒谬，因为那并不是自由。我将在明天的讲座中再谈此事，所以现在不再赘述。休谟并不持有这种自由的观点。休谟认为民主绅士对自由的认识是正确的，你是否处于依附状态是个问题。但休谟想说的是他们走得太远了，这种依赖并不像他们认为的那样重要。在他的政论文中，他提出了有关特权的问题，英国宪法是否倾向于绝对主义。当然了，人们说在法国存在着奴隶，因为君主有专断权力。但是它影响不大。这是休谟的立场。他用两种方式来攻击民主：一种说他们是狂热分子；另一种说他们对自由的理解是错的。在19世纪的激进运动中出现的是没有联合起来的劳工，没有工厂法案，没有工人的保护，这产生了马克思和恩格斯所讨论的东西，他们从共和主义传统出发认为这些人在某种意义上成为奴隶，这是无法容忍的，必须做出改变。那些就是人们所讲述的非常激进的故事。

张国旺[4]：您在讲座中主要讲了马基雅维利和霍布斯，只是偶尔提及了卢梭，所以我想提一些关于卢梭的问题。在语境方法下，我们如何研究卢梭？在我看来，卢梭显然和特定的环境有密切的关联，例如社会环境和国际环境，用这种方法研究卢梭是很合适的。我们如何来评价卢梭的思想和背景之间的关系？我想知道如何用语境分析的方法来研究卢梭。谢谢。

斯金纳：你把我又带回到之前的话题。我可以很简单地谈论

---

[4] 中国社会科学院大学讲师。

卢梭，不过我想谈论得深入一些，因为卢梭讨论过国家中自由的问题，他反对霍布斯的观点。我认为在现代早期的国家哲学中存在着辩证法，有些人认为自由问题和国家有关，人们在安全的名义下可以放弃自由，霍布斯就是如此。卢梭则声称你决不能放弃自由，问题是国家如何使你像过去一样自由。如果现在谈论这个问题，我想提出一个语境，以此回答你理解卢梭的问题。一方面是他对霍布斯的极度敌视，另一方面是对马雅维利的高度赞赏，这里并不是我所讲过的马基雅维利，也不是《君主论》的作者。卢梭喜欢斯宾诺莎，他们两个都是坚定的共和主义者，对君主不屑一顾，而且他们都把《君主论》当作一本讽刺君王宝鉴的作品。也就是说，他们认为马基雅维利是共和主义者并且马基雅维利试图将君主引入歧途。斯宾诺莎持有这种观点，卢梭则从斯宾诺莎那里继承了过来。我们能否认为施特劳斯的思考方式是正确的？毫无疑问，卢梭深受马基雅维利及其《论李维》的影响。马基雅维利的观点并不一致，他在《论李维》里的观点是，只有生活在法律反映其意志的人民共和国里，人们才能是自由的；君主制不是一个合法的政府形式而是一种奴役，人民共和国对人民的奴役并不是奴役，因为每个人都是立法者，法律反映了他们的意志。如果法律反映了我的意志，那么就不会约束我的意志。如果没有约束我的意志，我就会服从国家。这就是马基雅维利在《论李维》中表达的共和主义，在卢梭那里也能够发现它。曾经存在思考自由的激进方式，卢梭是这一激进思想发展历史的一部分，尽管马克思的传统和卢梭的这一激进传统现已衰落。我没有谈到这个传统，因为那和我所讲的马基雅维利无关，霍布斯则是这个传统的大敌。我曾写过这个传统，并且准备再写一些，我非常认真地思考过并且想多说一点，但是这次的系列讲座我不准备这么做了。

康子兴[5]：我留意到您曾经给唐纳德·温奇（Donald Winch）的研究提过一些建议，所以我想提一些关于政治经济学的问题。根据亚里士多德的政治思想，政治和经济之间存在着本质的区别。亚里士多德有城邦和家政的区分。在亚当·斯密所处的时期，卢梭也认为经济和政治之间存在着根本不同，他认为经济是次等重要的，应该被人民主权政体里的公意所塑造。在斯密的《国富论》中，他提到政治经济学想要的是一种立法的科学，而这正是一种政治科学，他没有在政治和经济之间进行区分。在您看来，它们的区别是什么？政治经济学和政治科学（新政治科学）的重要性何在？

斯金纳：这是一个很大的问题，我真的没能力回答好它。我很高兴你很推崇唐纳德·温奇关于亚当·斯密的书。这本书出版

---

[5] 北京航空航天大学人文与社会科学高等研究院副教授。

于 1976 年，重新定位了关于亚当·斯密社会科学观念的讨论。我认为温奇想强调的是，这是斯密社会政治科学思想系统论著的一部分，斯密原本打算写本专著，一般政治科学只是其中的一部分。他还准备研究法理，不过没有写成著作，所以我们只能看到《国富论》。另一个我非常震惊的地方是，他把斯密视为一个道德论者，正如他是以劳动分工为基础的经济方面的专家，因此，经济具有资本主义的结构。温奇指出他的主要依据是《国富论》第五卷，而这部分在当时并没有得到充分的重视。斯密非常希望人们明白管理经济最有效方式所产生的道德代价。最有效的方法是自由市场而不是保护主义，这是斯密对经济理论最大的贡献。但是温奇认为需要强调的是，斯密并没有在道德上赞同国家的这个制度，他只是说这是最有效率的。他对不同经济形式的运行效率十分关注，将之作为一般政治科学的一部分。斯密认为，在启蒙运动时代，政府和国家承担了市场的工作，这是一个很大的错误，它应该由市场自己来完成，那是他最大的贡献。

刘倩[6]：我注意到，从 19 世纪 60 年代开始，美国社会科学研究经历了历史转向，特别是在政治学中的趋势很明显。正如我们所知，您是政治历史学家，您的研究集中于思想史和现代政

---

[6] 中国社会科学杂志社。

治。历史对政治研究,特别是现代政治研究的重要性是什么,您可以分享一下您的观点吗?实际上,我们杂志社正在搜集一些讨论历史和社会科学关系的文章,很想听听您的高见。

斯金纳:非常感谢。我所遵循的历史探索和当代政治的关系源于我的基本观点,它对我来说变得越来越重要了。我在昨晚的讨论中也提到过它和我们一些最抽象的政治原则之间的关系。我们并没有真正理解我们自己的理论,而这特别和西方三个最基本的政治概念有关,一个是自由,一个是国家,一个是代表。我们都生活在某种形式的代议制政府中,可是对代表的概念知之甚少,这是政治理论和当代政治的一大遗憾。代表是一个非常复杂的概念,我们需要更好地理解它。我们无法很好地理解那些概念的原因是,对于我们的政治概念来说,代表是政治制度中最明显也是最核心的概念,这个概念被历史所塑造,而且一直存在着敌对观念,这让代表概念始终处于争议中。所有对政体的描绘,如政治授权等问题都是历史问题。因此,我们并没有真正理解我们的概念,因为它们是在历史中塑造和形成的,而我尚未掌握足够的历史知识去理解它们。我们需要知道更多的历史,因为那会给我们一个概念形成和辩论的谱系,其中包含诸如代表概念的各种各样的理解。一旦你进入这些辩论,你就能看清所有已经混淆了的不同隐喻。你可以区分它们,你能够谈论关于代表的各种想法,你可以在过去与现在的辩论中分辨它们。有人认为,我们能发现一些包含正确看法的文本，然后追随它们，然而这根本不是过去和现在的正确关系。相反，我们并不总是能理解我们的概念，因为历史在不断变化，而我们没有从历史层面理解那些概念。我们理应如此，而且如果我们做了，我们就会发现可以谈论更多，这与我们息息相关。总之，我感受最强烈的是代表的概念，这个概念很难理解，我们对它的理解很贫乏，但它是我们所有人都仰赖的概念。因此，我想获得更多的历史理解。

郭小雨[7]：我的问题是关于剑桥学派最近的一些研究动向。许多学者将目光投向了国际思想史，我发现他们大多数接受了您的核心观点，那就是将观念视作行动，特别是在公共领域中。我对您定义的公共概念有些困惑。我能理解您为何讨论公共，您的意思并不是人们之间一般的或者普通的关系，而是共和国中一种特殊或者独特的自由领域。如果在国际层面考虑这个问题，我们是否秉持这样一种对公共性的理解。您对公共性的定义如何作用于国际社会？我想知道您如何评价剑桥学派及其方法论的新变化？

斯金纳：非常感谢。这是近年来出现的一个非常重要的发展。那些朝这个方向努力的作家们震惊于如下事实，我们生活在

---

[7] 上海外国语大学英国研究中心助理研究员。

全球化的世界，有着全球化的市场，传统国家之间的关系消解于全球化中。我们用来理解社会的概念必须是全球性的概念。采取这种立场的主要作家有彼得·戈登（Peter Gordon）和大卫·阿米蒂奇（David Armitage），他们可能是最重要的，此外还有塞缪尔·莫恩（Samuel Moyn）和其他一些人。我们可以说戈登、莫恩和阿米蒂奇是三位领军人物。如今，我们显然必须欢迎这个趋势，这是一个非常重要的发展。

我有两个稍许的担心。一个是过去那代人拥有从国家走向全球化的隐含的目的论，这在经济领域尤其明显，特别是到过中国的人，我的意思是为什么中国现在成为全世界发展最快以及可能是最大的经济体？在我有生之年中国实现了经济崛起，这个非凡故事是人们谈论经济全球化时经常提到的。中国现在拥有美国大量的国债，这两个巨大的经济体，如我所见，紧紧拥抱在一起。20世纪是美国的世纪，现在看来似乎已经一去不返。我对这个目的论感到担心的是，它似乎正在逆转。我们进入一种处境中，国家退缩到阴影之下，支持国际市场和企业承担政府的工作。我们正在大规模抵抗后主权（post-sovereignty）。这是思考美国大选和美国新任总统的正确方法。后者强烈地反全球主义，秉持国家主义。整个故事成为一个民族国家向其他民族国家展示自己。看看欧洲联盟的分裂，那曾是我们这个时代伟大的后主权计划。法国人即将举行选举，目前看起来可能会举行全民公决退出欧盟，欧盟将进一步分裂。欧洲联盟的计划将陷入完全的危险之中。英国已经离开了。我们在现代世界中容易有进步的观念，很容易有目的论倾向。然而国家在面对全球化市场时的衰落，让上一代人的目的论开始变得弱势。这不只是一个目的论，而是被极端民族主义的反全球主义运动所颠倒的东西。这背后有很深的历史力量在推动，英国在这方面表现出一种可能是种族主义的排外，导致它离开欧洲。现在美国已经产生了一个非常排外、可能是种族主义的总统。所以全球化的故事目前看起来不再是现在的故事了，当然这可能不会有问题。所以我对阿米蒂奇、莫恩和戈登这些人有一个担心，那就是他们都是目的论者，但这种目的论现在看来并不正确。

我的第二个担心是，如果你从全球的角度来看待我们的政治理念，就像大卫·阿米蒂奇在他关于内战的书中所做的那样，他把这个概念写成了一个全球的概念。问题在于，当你阅读这本书时，非常像在阅读旧式的观念史研究著作。因为这不可能以一种语境研究的方式来完成，你可以使用一些术语，然后追踪它两千年来的演变。你从古希腊开始，结束于20世纪。

所以我从概念上和方法论上都有一点担心。不过，它催生了一些非常好的学术成果，阿米蒂奇的《现代国际思想的基础》是一本很重要的著作。我只是担心这两件事。

王涛[8]：第一个问题关于彼得·拉斯莱特（Peter Laslett）。他 1948 年返回剑桥大学，第二年编辑出版了《罗伯特·菲尔麦的政治作品》。1960 年发表了重要的《政府论》导论，有人说这是剑桥学派的开端，所以我们可以说拉斯莱特是剑桥学派之父吗？在 1965 年，拉斯莱特宣称政治哲学已死。我猜测政治哲学当时遇到一些问题和挑战，可能是历史的问题，或是政治的问题。您能谈谈这个问题吗？第三个问题是您借鉴奥斯丁言说行动的理论，以此来证明您自己的理论和方法论。您用他的概念来阐明动机和意图的区别。您最初是如何觉得奥斯丁的理论对您的研究有用的？最后一个小问题是，在过去五十年间，您培养了一大批有天赋的学生，有人说剑桥学派有第二代和第三代。您，约翰·邓恩和波考克是第一代，您对此有什么评论吗？

斯金纳：我可以回答你所有的四个问题。我同意彼得·拉斯莱特是一个开创性的人物。我和约翰·邓恩是一个时代的人，同时在剑桥大学读本科。彼得·拉斯莱特经典的洛克研究在我本科第二年出版。我记得教我的老师说，你们知道这个新版本已经出来了，这是最完整可靠的。当我阅读它时，我完全惊呆了。拉斯莱特的导论是一篇精彩的文章，我非常钦佩。他告诉了我一些关于洛克绝对精彩的东西，而那是我不太明白的，但这对我后来的

---

[8] 华东政法大学科学研究院副研究员。

发展来说非常重要。它是由于一场特殊的政治危机而引起的,与1688年的英国革命无关。它是在1679年到1681年期间写的,洛克要写的是不同的问题,即你是否可以废除王权,答案是你可以根据反抗暴政的理由做到这一点。整件事介入了一场特殊的政治危机中,我觉得它做出了很好的解释,我深受其影响。我认为约翰·邓恩比我受到影响更大,因为他成了拉斯莱特的博士生。约翰·邓恩在1969年写了关于洛克的经典著作,这本应该由拉斯莱特来写,但是邓恩写了出来。如果你看那本书,就会知道邓恩是在拉莱斯特基础上完成的。拉斯莱特是非常重要的,他成了我非常亲密的私人朋友,他很长寿。他去世的时候已经快九十岁了。我经常可以看到他。他非常睿智。他并不总会记得自己要去上课,但是当他出现的时候,会带来一个很好的演讲。

然而他在1965年曾说过一些非常愚蠢的话,那就是政治哲学已经死了(笑)。他深受牛津语言哲学运动的影响,哲学家只是分析一下概念,如果你要问关于道德和政治的问题,他会说,为什么要问我们?为什么要问哲学家?你可以去问那些在街上遇到的熟人,你不会知道得更多。哲学对政治没什么能说的,哲学家应该做的全部就是给出概念的定义。由于这个运动转瞬即逝,拉斯莱特的观点就显得很奇怪了。当1972年第三版《哲学、政治与社会》出版时,我参与了导读的编写,尽管没有署名。他和我编辑了那本书,我们一起写了那个导读。我说服拉斯莱特,说那肯定是一个错误，无论如何那是一个过去的运动。我们在 1971 年出版了这篇文章，那是他宽容和仁慈的一面，他愿意承认他误解了那场潮流的运动。

关于奥斯丁的问题让我很有兴趣回答，因为当我还是一名学生的时候，我们都在阅读维特根斯坦。《哲学研究》在 1953 年刚刚出版，这是一本关于许多重大主题的书，我们把它当作一本讨论意义的书。维特根斯坦在该书中最有名的命题之一就是我们谈论意义太多了，我们不应该谈论意义，而是要探寻我们能用这些概念做什么。这是一个振聋发聩的观点。不要询问意义而是去追问用途，这就是维特根斯坦。然后有人出版了题为《如何以言行事》的书，所以我显然要去阅读那本书，这当然是维特根斯坦式的著作，虽然作者从来没有在书中提到过维特根斯坦。维特根斯坦说，不要问意义是什么，要问可以用语词做什么，问他们的用途。奥斯丁说，用言语来做事是什么意思？然后他写了一本书，完全使用以言行事的方法。对像我一样的人来说，从维特根斯坦转向奥斯丁是很容易的事。奥斯丁说，解释不是关于意义，而是言语行动。语言有两个维度，所有的解释学都集中在其中一个维度，而我们应该关注另一维度。我仍深信这一点，那是我对这些问题的回答。

你不能问我最喜欢的学生是谁，但事实是如果你从很年轻的时候就开始在一所精英大学教书，你怎么可能没有好的学生？从 20 世纪 70 年代的剑桥大学，从像理查德·塔克、詹姆斯·塔利、马可尼那些人开始,我在剑桥大学任教超过四十年,教过将近四十个博士学生。其中大部分人都进入了学术领域,他们在各个地方任教,尽管大部分在哈佛大学。埃里克·尼尔森(Eric Nelson)、理查德·塔克和大卫·阿米蒂奇都是我的博士生,他们在哈佛的思想史研究中占有一席之地,所以那也是另一个"剑桥"(笑)。

政治思想史：研究与门径

——昆廷·斯金纳与学生座谈会实录*

毛 飘 译

李强：今天我们非常高兴邀请到昆廷·斯金纳教授和在读的研究生进行座谈。斯金纳教授这次来访北京大学，就政治思想史研究和现代政治思想的重要议题做了四次非常精彩的讲演，相信大家和我一样收获很大。斯金纳教授不仅是位优秀的学者和历史学家，而且在四十余年的学术生涯中还培养了一大批非常卓越的学生，极大地推动了政治思想史的研究工作。借着斯金纳教授到访的机会，我们特意安排这次座谈会，北京大学政治学系、哲学系和历史学系等院系对思想史感兴趣甚至以后可能以此为志业的同学，今天可以和斯金纳教授进行面对面的交流，也期待斯金纳教授给予同学们一些切实而直接的指导。

---

* 学生座谈会实录稿根据提问主题进行了重组编排。——校编注

斯金纳：非常感谢李强教授的邀请和安排。在这两周内，我在北京大学遇到了很多热情而专业的听众，并且和这里的不同年龄段的学者有非常深入的交流，所有这一切令我印象深刻。今天也很高兴能和年轻的学生们座谈，听听你们关心和思考的问题。

思想史研究的方法与经验

提问：我想就剑桥学派的研究方法及其运用提一个问题。尽管我们许多人非常赞赏剑桥学派的方法，但把这一方法应用于我们自己对西方政治思想的研究在技术上却非常困难。我主要的研究对象是霍布斯，对我来说，阅读霍布斯的文本已经足够困难了，如果要用剑桥学派的方法来解读文本，我们首先要成为英国史专家，其次要对霍布斯的生平细节非常熟悉，另外还需要大量阅读与霍布斯同时代的次要作家的著作，这样我们才能最终确定他的语境。这是一个相当复杂的任务，特别是对中国学者来说更加困难，何况很多时候我们得不到第一手的材料或档案。所以，在我们的研究中，应该如何平衡经典文本与其他材料？如何平衡细节的研究与宏大的历史理论图景？在您的研究中，您如何能精确地把政治思想家定位到相关的语境中？您能给我们提供一些更具操作性的建议吗？

斯金纳：这是一个很重要的问题。如果有 Early English Books Online（早期英国作品在线数据库），做研究也许就会简单一些。

这个数据库包括所有从 14 世纪 70 年代至 17 世纪在英国出版的书籍，包括各种语言，几乎所有文本都可以搜索和下载，有几百万本书。我的所有学生都一直使用这个数据库。对于大学来说想要订购这个数据库是相当贵的，但它确实改变了我们做研究的方式。图书馆也支持数据库的工作，因为图书馆不希望有太多人去接触一些珍稀的书籍，所以会乐意把这些书放到网上。如果你去欧美国家你就可以免费使用那个数据库。当然其实很好理解为什么单纯的文本研究更受欢迎，因为这样比较容易。但是我强烈认为，如果要获得历史性的理解，我们就不能只尝试着理解文本本身的意义，我们还要知道，这个文本在做什么，在当时的社会中这个文本有什么样的意图。

提问：研究政治观念史和别的学科并不完全一样，因为很多学科具有更强的中立性，而政治思想史研究往往难以避免带有研究者的主观立场或先见，那么我们如何从历史研究中摆脱先入的立场？在政治思想史研究中，什么构成了您自己的出发点，您可以分享一下吗？

斯金纳：谢谢。我认为这是一个非常重要的问题，而我们并没有很好地对待之，因为我们一直在某个学科内工作。关于研究的动机，需要非常明确的区分。我的动机当然开始于此时此地，也就是说，我的动机表达我的价值观念，并表达我认为什么是重要的。你也可以用另一种方式来表达这个观点,即过去就是一切,它包含一切因素,这是一个难以测量的事件。我们总是整理过去,过去就是我们研究的历史,我们选择的历史是从过去中拣选出来的,我们选择世界所发生事情的一小部分作为研究对象。这是何故呢?因为它表现了我们对于过去的价值观念,如果我们不以自己的价值或是以别人的价值去研究过去,那将是非常奇怪的。我们为什么要那么做呢?如果你对它没有任何兴趣,你不会去研究它。所以,我所做的区分在于你的价值观念决定了在研究档案时所提出的问题。你可能对战争因何爆发感兴趣,你会去搜集资料并撰写第一次世界大战的历史。或者你对透视画的发展兴趣浓厚,所以你会写佛罗伦萨艺术的历史。历史学家对所有问题的回答都反映了他们的价值观,我们必须接受这个事实。但是不同之处在于,一旦确定了你所关心的问题,你的价值观念当然会影响你的选题,但你的价值观念不能也不应该影响你处理选题的方式。必须尽可能冷静地做到这一点。

这个区分留给我们一个问题,为什么你会这样做?为什么我们会有历史?我的意思是并非所有的社会都对他们的历史感兴趣。我们对自己社会的历史或其他人社会的历史感兴趣,这是为什么呢?我试图在我的第一次讲演中回答这一问题,这当然有很多的原因,我在这里提出一个原因,让我开始听起来像列奥·施特劳斯了(笑)。当你研究感兴趣的历史时,正如施特劳斯研究西方政治哲学的重要文本，当你学习这些文本时，以下事情会浮现在你的脑海里。首先是这些信念在我们的社会中已经消失了，所以施特劳斯在美国看到政治哲学的基础工作被个人权利的概念完成了。他阅读古代的书籍，发现一种缺乏权利概念的政治，古代这些没有权利主体的讨论，反而义务更为凸显，而义务中最重要的是人们应该展现德性，首要的思考单位是公民，公民是政治社会的积极参与者和代表者。施特劳斯发现了一种思考政治更好的方式：人更能得到自我实现，那里有较少的个体性，而是与共同体更相关，有更多的价值追寻，所以我们应该复兴过去。可是，古老的过去一去不返，难以重现，但我们应该重新获得那些失去的洞察力。我认为这是研究哲学史的一个非常深刻的原因。在我们的所有社会中，历史都遵循着一个特定的轨迹，那些伟大的文明则拥有自己的轨迹。我的意思是这在最古老的文明中显而易见，例如中国。当社会向特定的方向发展的时候，所有这些东西都遗失了，现代西方也是如此，施特劳斯在最个人化的现代社会中写作，他认为这不是一个好的社会，也不是管理社会的好方法。历史告诉他一个替代方案，然后他想介绍给他的学生。事实上，它具有巨大的影响，尽管它并没有完全改变美国，但是很大程度上改变了美国政治讨论中的话语。我由衷地认为这是一个强大的动机，不是因为阅读了施特劳斯，而是通过我自己对自由和国家问题的研究而发现的。我正在研究这些问题，包括特别代表的概念，正如我刚才所说，我们根本没能理解很多政治概念。我们不了解相关的历史就无法理解历史概念，因此我们应该学习历史，进而我们才可能对自身有一个更清晰的解释，让我们更好地生存。这就是我对你的回答。

提问：请问您的方法如何能应用于对其他思想家的研究？目前我正在完成有关卢梭的论文，因此我们就以卢梭为例。卢梭自己完成了自传《忏悔录》，但是我们似乎很难从他对个人生活的呈现中获得太多直接的（有关他作品受到他时代的何种影响的）信息，因为他几乎（在自传中）批评和谴责了所有同时代的思想家。所以我想问一下，您的方法如何能够应用于对卢梭的研究？

斯金纳：据我所见，目前这种方法能够用于几乎所有文本和特定文本，无论将其用于研究柏拉图、卢梭还是当代思想家都是没有差别的。这种进入文本的方式其旨趣不仅仅包含在文本本身的意思之中，还蕴含于理解为什么会有这个文本、文本为什么会呈现特定样态、为什么它要回应特定的问题、为什么会使用特定的语词等等问题之中，而这些也正是我所感兴趣的问题。这些问题是由特定的社会所决定的，而语词则是由与文本解释相关的思想背景决定的，所有这些合起来就是我们所称的"语境"。

这对卢梭来说当然也是适用的。假使我们要理解启蒙运动中的混合政体问题以及卢梭对此的反驳，这显然就与孟德斯鸠和宪政主义的观念相关，而卢梭正是以敬畏人民主权的名义对其进行了驳斥。这时候我们需要问自己的是，这种观点是从何而来的，它在法国思想传统中处于什么样的位置。显然，这是法国激进传统下的人民主权论，它在卢梭这里被重新激活。

提问：您在第一次讲演中引用了理查德·罗蒂作为概念相对主义的例子，而且您认为他的观点比您要激进得多。但您也许注意到了罗蒂也引用了您。非常有趣的是他把您的名字与托马斯·库恩放在一起。他似乎认为，您会同意他的观点，或者至少认为您帮助他推翻了这样的信念，即存在着永恒的问题和永恒的真理。您对此如何评价？

斯金纳：20世纪70年代，我在普林斯顿大学高等研究院待了五年，库恩就在我隔壁的办公室，所以我每天都和他交流。正是通过库恩我认识了罗蒂，我们成了非常亲密的朋友。他比我年长得多，我从他那里学到了很多。他是一个虚怀若谷的人，那时他已凭借他那本《哲学与自然之镜》而成为英语世界最著名的哲学家。我认为他是一个非常伟大的人，但他还是非常谦虚和焦虑，甚至过度焦虑于要承认自己所受的学术影响。但是他所承认的从我这里得到的学术影响其实是无意义的，完全是另外一回事。他是想把我拉入反实证主义（anti-positivism）的运动，这是他感兴趣的事情。但是我完全同意他"反基础主义"（anti-foundationalism）

的观点。当然这在罗蒂的书中是系统的形而上学,最后呈现为意义的实践理论。这是他的思想轨迹。

但是我早年曾经在意义理解的问题上受到库恩的影响,我在文章中讨论了很多与库恩有关的问题。我从这些人身上学到的是,对真理一致性理论的怀疑,而这种怀疑会促使我创建自己的认识论。我不知道这点对库恩来说是不是对的,但对于罗蒂来说肯定是对的,就是他们都赞同维特根斯坦及其关于生活形式的观点。对于某种生活形式中的某些信念,你(作为外人)可能并不会认同,但它们内部却是彼此融贯的。理解一种生活形式也就是理解它们的融贯性。罗蒂想说的是,所有社会都有这些生活形式,人们必须学会语言游戏,而要理解他们就是要理解他们在这些语言游戏中所做的事情。所以不同的生活形式之间可能是相当隔绝的。

罗蒂的进一步主张则是我一直反对的,即在某个系统(生活形式)中是真的东西在另一个系统中则可能是假的。所以真理的概念到底是什么呢?当真理不再意味着与事实相一致(真理一致性理论)时,它就变成了人们生活于其中并接受的范式。所以罗蒂的话冒犯了不少人,他说,真理的意义就在于能够让你无须说出真理。真理是你的同伴让你说出的东西,因为它是人们在生活形式内所取得的一致的意见,真理无非就是在某种生活形式中可以合理、理性地相信的东西。我从来没有接受过这种观点,我一直对此保持距离。我说的是,特定生活形式中存在着某些可以合理相信的东西,但我没有讨论真理。

提问:您在第一个演讲中讨论了相对主义的问题,我对这个问题很感兴趣。您处理文本的方法有两个重要洞见,一是不同的社会有不同的核心问题,二是所有政治思想都体现了那个特定时代的精神。我非常赞同这个方法。我的问题是,是否存在一些可以帮助我们分辨对错的坚实基础?或者说,政治哲学的使命是什么?政治哲学是否应该作为人生的指南,还是只能在一些特定时候提供一些特定的观点?

斯金纳:我自己是有几分相对主义的倾向,我认为所有历史学家都会有一点相对主义的倾向,也就是说,我们认为我们的任务是试图复原和理解不同的生活方式。但我在真理和谬误的问题上不是一个相对主义者,我在合理性问题上是相对主义者。所以我想说的是,你坚持的某种信念,完全有可能因为其在社会中形成和变化的过程中的疏忽大意而被我认为是错误的。我们必须放开这种可能性:我认为是错误的东西,可能被别人依据理性认为是真理。我认为所有历史学家都应该具备这种相对主义。

另外,我也区别于以理查德·罗蒂为代表的概念相对主义。我在讲演中举了伽利略和天主教会争论的例子,罗蒂认为双方的观点是一样客观的,而我想说伽利略是对的,托勒密的理论是错的，我们必须这样说，在这个关于真理的问题上我们并不是相对主义者。而更深层次的问题是，即使持反伽利略立场的那些人所坚持的信念是错误的，对他们而言持有这种信念是否是合理的、理性的？这是我想持有的立场。

你还问道，政治哲学如何给我们提供指导。我认为这个指导可能与传统思想史研究的不同。比如，我之前的同事伊斯顿·亨特曾经在讨论大卫·休谟、亚当·斯密和苏格兰启蒙运动的时候写道：他们的问题就是我们的问题，而他们对我们的问题给出了更好的答案，这就是我研究他们的原因。而现在你和我都认为他们的问题就是他们的问题，而不是我们的问题。世界已经不一样了，不要重复他们的问题。尽管在任何伟大文明的历史上，都必然有其连贯性，即在过去和现在之间存在明显的联系，但二者仍然是不同的道德世界和政治世界。当你重建这个世界的时候，你也许会发现他们和我们使用一样的概念，但却是用一种完全不同的方法，而且可能是更有成效的方法。我在"霍布斯及其批评者：自由与国家"的讲演中讨论了思考自由概念的不同方式。我认为西方古典和现代早期的自由观念已经被自由主义的胜利抹去了。对我们而言这是一个更有趣而且更有益的思考自由的方法，现在我们不这么思考了，但是也许我们应该这样思考。

提问：有学者评论说，您和列奥·施特劳斯实际上都强调找到作者的意图,不同点在于,施特劳斯认为意图应该并且只能从文本中寻找,而您会跃出文本,从作者和文本的语境中寻找意图。您是如何看待这一评论的?

斯金纳:对,这两种解释方法都认为意图非常重要。施特劳斯试图从文本中找到意图,他可能会说:意图是指文本中隐含的意义,理解文本就是理解文本的隐含意图,这是施特劳斯的立场。但这遭到了后来作者们的猛烈批评,不是特别针对施特劳斯,而是针对任何想要将文本的意义与作者的意图划等号的人。很多人通过强调语言的内在模糊性、概念使用的多义性对此表示了强烈反对。这些批评很有影响,某种程度上有点吹毛求疵,但也确实存在。不过,这个批评并不影响我想要讨论的意图与理解,因为我对意图的问题仍然抱有兴趣,不过不是与意义有关的意图,我并不认为文本的意义就是作者本人的意图。相反,我毫无兴趣做这样的论断。

我所谈论的是囊括在文本中、作为严肃的语言行为的某些东西。因此在我的第一次讲演中,我曾说我在文本解释中所希望调用的语言,并非只是传统解释学所指的意义,而是言语行为中所涉及的强调、文本、演讲等等所有那些作为社会行动的语言。然后去追问它们在做什么,在称赞、批判、驳斥、讽刺、支持、发展什么。所有这些都是以行动的名义,因为行动正是由于其内嵌的意图而成为行动的。因此,认为你无法掌握意图的观点是假设了你必须了解意图，这当然是推理性的。我感兴趣的是与行动有关的意图。对与行动有关的意图不感兴趣是令人吃惊的。举例来说，假如你认为无法从行动中获知意图，那么刑事责任的理论就是站不住的。

提问：在您的《政治的视域：方法篇》(*Visions of Politics: Volume I: Regarding Method*) 中，您对文本和作者的意图进行了限制，"所以我远不认为文本的含义可以用作者的意图来确定，用意图来确定的仅仅是作者试图通过文本想要的东西"。我的问题是，当我们面对一些文本的时候，我们如何将文本的含义与明确的客观政治语境进行进一步的区别？我们如何知道作者的主观意图是什么？换句话说，在一个明确的语境中，我们可以在多大程度上确定它们的巧合部分？

斯金纳：我很高兴你读了这本书，你读的应该是英文版，中文版大概会在今年出版。你谈到了意图，这又回到了刚才我们讨论过的话题。在你引用的文本中，我在讨论 meaning。非常不幸的是，meaning 这个词在英语中有两个含义，而在欧洲其他语言中没有。一个含义是"意思"（在某物与它所是之间存在某个词语作为表达的介质），所以我们可以说"我可以告诉你某个词的'意思'"，并且你也可以在字典中找到这个词的"意思"；另外一个含义是指某些人试图表达他想要表达的"意思"。所以这个词有两个完全不同的用法。你不可能在字典中找到别人想要表达的"意思"。不幸的是我们用这个词来讨论意图。当你说这些的时候你的"意思"是什么——这是问你的意图是什么;某个词的"意思"是什么——你可以在字典中找到这个词的意思。而我感兴趣的意图不是指后一个"意思",我感兴趣的是语言的表演性(performativity)。

政治思想史视野中的现代世界

提问:您的第一个讲座是文本的解释,我对您著名的论点很感兴趣,即所有的哲学文本都是社会行动。您举了马基雅维利的例子,马基雅维利用狮子和狐狸的比喻,不仅要表明自己的信念,还要批评西塞罗关于德性的想法。马基雅维利想要提醒读者,应该对西塞罗的观点进行怀疑和讽刺,我对此有一些困惑。如果这样说,那么观念和行动之间似乎是有联系的。另一个问题和新罗马共和主义自由观有关。当您在著作中将马基雅维利的共和主义自由和他的帝国主义分别开来的时候,您是基于什么样的考虑?

斯金纳:非常感谢。这是两个完全不同的问题,所以我会依次来回答它们。回到我们对奥斯丁的评论。他对语言哲学的主要贡献源于他的这个观点,即有一些言语实际上是表演的言语。所以我们有言语表演的观点。你可以成功或失败,但是一个行动正在发生，说话的成功在于其成功的表演。他最初认为这是一种非常特殊的语言形式，但是随着他对表演性概念的研究日深，他愈益发现，表演性是所有言语的特征。无论任何言语，你都可以问它在传统意义上的所指，或者你可以问言语的意图。在我的第一场讲演中，马基雅维利的例子是为了关注有意图力量的言语概念，因此，我举了马基雅维利和西塞罗的例子，还有马基雅维利的一个隐喻，它揭示了欺骗在政治上的重要性。他还做了各种各样的事情，这恰是言语的表演性。他在引用、参考、抗拒、排斥、批评和讽刺，他做所有这些事情，在说的时候去做它们。这是我的观点，我们在之前的讨论中提到过。我将之归因于奥斯丁语言哲学的大传统。当然，这和我在美国批判经验主义教条时所说的很类似。实际上语言有两个维度，一个是传统上所谓的意义的维度，还有另一个维度不是关于意义，而是关于表演。这就是我想说的。

关于共和主义自由的观点，我希望在明天的最后一次讲演中可以多谈一点，到时我会提到霍布斯的批评。共和主义的自由理论与帝国主义的关系是非常重要的。因为理论中可能会有这样一种观点，即国内的自由依赖于海外的帝国领土。所谓自由国家的帝国追求是欧洲历史上极其重要的现象。英国是一个很好的例子，英国人相信使用帝国殖民地的价值才能在国内创造自由繁荣的家园。将殖民地作为维护祖国的手段。你在提问的最后延伸到了这个问题，你说的东西非常重要，我深表赞同。既然你在做柏克的研究，有一本书可以参考，理查德·伯克（Richard Bourke）有一本关于柏克的最新著作 Empire and Revolution: The Political Life of Edmund Burke，这本书对此问题有很好的研究。

提问：在您关于马基雅维利的演讲中，您提到了他的语境并不与基督教直接相关，因为他并没有提到任何基督教的核心思想——世俗政治体与上帝的关系。我在读马基雅维利的著作时就感到非常困惑，因为我没有发现任何关于末日审判、世界的起源这样的问题。他创造了一些完全属于他的东西。您还提到了他和斯多葛主义的关系。我认为，因为斯多葛主义和基督教的思想联系非常密切，也许当我们考虑马基雅维利和基督教的语境时可以由此看出一些东西。

斯金纳：让我们以马基雅维利的《君主论》和《论李维》为例。《君主论》与基督教无关，这在当时是非常令人惊讶的，这又与语境的方法论有关了。我的意思是，你读这本书，你能理解这本书，但你很难感受到马基雅维利的最早读者在阅读的时候对书中某些特定内容缺失的惊讶。想象三年后写了《论基督君主的教育》的伊拉斯谟读马基雅维利的书——他毫无疑问读过马基雅维利，他会觉得：我简直不能相信，他根本没有讲谁来教育君主，也没有讲宗教的重要性，而且他描述的君主不是一个有宗教信仰的人。马基雅维利似乎是说，君主不是一定要有宗教信仰。他鼓励君主伪装和撒谎，甚至养成欺骗的习惯。他没有意识到这会被末日审判惩罚，他甚至根本没有提到过末日审判，这是不可思议的。我认为这就是当时的人读到这本书的反应，他们会感到非常吃惊。

但是在《论李维》中就非常不一样。马基雅维利在《论李维》中大量讨论了基督教。不同于《君主论》忽视基督教，《论李维》谴责了基督教。这对天主教会来说是更加令人震惊的。天主教会在16世纪50年代出台了一个禁书目录，这个目录到20世纪中期才废止。天主教会禁止教会的成员阅读这个目录上的书。在这个目录上的人有伽利略，但第一个是马基雅维利，这不是因为他在《君主论》中没有提到基督教，而是他在《论李维》中抨击了基督教。

他在《论李维》中说，存在两种宗教——在这里我们可以回到我们讨论过的卢梭，卢梭对他称之为"公民宗教"的观念非常感兴趣。公民宗教最重要的意涵不在于它是否是真实的，而在于它在社会中是否能起到作用。马基雅维利大量讨论了罗马的公民宗教，一个令人震惊的观点是，罗马的宗教是比基督教更好的宗教形式。我的意思是，罗马宗教当然不可能是真实的，仅仅是迷信，但它的确赋予人们勇气和认同感，这是宗教可以发挥的作用。

在《论李维》第二卷,有一段很长的讨论指出基督教完全不利于公共利益。这一点后来又被尼采重新提出。就是说,如果你信仰的宗教告诉你要完全抛弃世俗世界,把自己关在修道院里一直做祈祷,如马基雅维利所说,这样你就是把这个世界让给了恶人。马基雅维利充满怨恨地抨击基督教拒绝发展为一种政治理论的现象。他开启了一个困扰西方历史学界很久的问题,即罗马帝国的衰亡。罗马帝国当时已经是整个欧洲文明的中心,占据了几乎整个欧洲和部分北非,但这个帝国最终分崩离析。是什么因素使得罗马分崩离析?这长期以来都是最重要的问题之一。马基雅维利的回答是:基督教,如果将基督教作为国家的官方宗教,这个国家就会衰亡,因为信仰基督教的人不再关心国家。后来爱德华·吉本将这个观点发展成了欧洲历史上的一本伟大著作——《罗马帝国衰亡史》,他同样认为,使得罗马帝国衰亡的原因是接受基督教作为官方宗教。

提问:我的问题是关于霍布斯的代表和授权理论。根据霍布斯的理论,如果我授权某个人承担我的人格,作为我的代表,我承认我是这个人所有言语和行为的拥有者和作者,他的行为就是我的行为;主权者作为我的无限的或绝对的代表,我同样授权了他所有的行为。但我在阅读《利维坦》第四十二章的时候遇到了一个问题,霍布斯说,如果主权者要求你否定耶稣基督,你也应该服从，因为这个行为是他的而不是你的，"在没有内心赞同的情况下，光是服从这些法律而作出的外表行为是主权者的行为，不是臣民的行为"，也就是说，如果没有内心的赞同，就没有真正的授权，因为我不承认这个行为是我的。这就似乎与前文矛盾，在十七、十八章霍布斯说，我授权主权者的所有行为，无论他做什么我都必须遵从，因为这些行为就是我的，即使我并不赞同它。如何解释这样一个矛盾呢？

斯金纳：这个问题非常重要。你说的是对的，霍布斯说，我授权主权者的一切行为。与"授权"（authorize/authorization）相关的概念有：授权者（Author）、权威（authority）。我授权你以我的名义说话和行事，所以看起来主权者的一切行为都来源于我的意志表达，因为我是这些行为的作者。那么在什么情况下我可以不是主权者行为的授权者呢？霍布斯在《利维坦》第十六章说，如果某个行动没有被授权，这个行动的唯一作者就是代表者，而不是被代表的人。所以问题在于，有没有一种情况，主权者做出了行动，却并不是代表我做的？答案看起来是：既有又没有。我认为你说得没错，这个理论存在一些问题。

霍布斯的观点是，国家必须向你证明他的合法性，而不是证明给大多数人或者某种共同善的观念，国家必须证明给你看，因为你已经放弃了自然状态下的自由，成为臣民，而你这样做是为了获得对自己生命的保护，是为了由法律提供的普遍和平。所以你给主权者的授权是没有限制的，你授权主权者去做所有确实能保证你的安全以及人们的一般利益的事情。所以如果主权者不这样做，你没有办法拿他怎么样，但他这样做是超出了授权范围的；其次，如果主权者没能保护你，你的生命仍然处于危险之中。例如在内战中，霍布斯认为内战等同于返回到自然状态，因为在内战中没有主权者。在这种情况下，并不是说你有权利不服从主权者，而是说这个主权者不再是主权者了。如果他没能保护你，你就没有义务服从他，因为国家的全部意义就在于保护你的生命，在这种情况下，这个国家相当于不存在。

所以从这两个角度来说，他提出了一种更加基本的学说。霍布斯介入了英国内战时期的政治，在于他讨论了一个重大问题：英国人废除了君主制，但所有人都曾经向国王宣誓效忠，所以现在你怎么办？激进派的回答当然是，新的政体一定是不合法的。霍布斯则说，不要问它是如何统治的，而要问它是否在保护你，问题就是谁在保护你。国王已经死了，他的军队也被打败了。所以是谁在保护你呢？霍布斯给出的答案是，当下的权力。

提问：您在演讲中说霍布斯的自由概念是一个物理性的概念，自由是没有任何外力干涉阻碍的状态。而霍布斯把自然权利定义为一种自然的自由。那么，一个物理性的概念如何成为一种权利？它是如何拥有道德内涵的？进一步讲，如果自然权利的放弃或转让最终演变成了一种义务，那么这种对主权者的或保持原有契约的义务的道德基础和规范性基础是什么？

斯金纳：非常好的问题。霍布斯说自由的基本含义是没有任何外力干涉阻碍的状态，但他也说过，有一种免于义务的自由，或者说，如果你具有义务，就不再拥有自由。所以似乎是有两种自由的用法。当国家不存在时，人们拥有自然的自由，也就是没有任何法定义务的自由，也是你可以做任何你想做的事的自由，没有任何外在阻碍。这是它们在自然状态中融合在一起的方式。而在国家中你并没有这种想做什么就做什么的自由，你把这种自由放弃掉了。当然你也拿回了很多自由，但这是在法律之下的自由。所以在国家中的自由就是，霍布斯叫作"严格意义上的自由"。你是自由的因为没有人在阻止你。所以如果没有法律，你就可以自由地做你想做的事。但是，霍布斯还有一个更进一步的天才性的结论，就是实际上在国家中你是完全自由的。因为这是"严格意义上的自由"。因为如果你服从法律，你就会害怕承受不服从的后果。害怕并不是外在的阻碍，而是内在的阻碍，而只有存在外在的阻碍才是不自由的。所以你永远有不服从法律的自由，但当你服从法律，你是自由地服从。

然而，你说的是对的，的确有两种自由的观念。有一种免于义务的自由，还有一种外部阻碍不存在的自由。但是在国家中，没有免于义务的自由，尽管法律不是特别对你有利，你也可能触犯法律，说你是不自由的才是合理的，但如果从特殊的自由观看来，你同时也是自由的。这两种自由是可以融合在一起的吗？这是一个很大的问题。菲利普·佩蒂对这个问题写过非常好的文章，收于他的《语词的创造》中。这也是霍布斯理论的一个难点。所以这个结论真正有效的是，只要你不被阻碍你就可以自由地行动。这是一个非常重要的论点，在我的讲演之后的讨论中也有人提出了这个问题。霍布斯由此使得自由与决定论（determinism）可以相互兼容。他以一种天才的方式说，一个自由的行动不是一个自由地意愿的行为，而是未受阻碍的行为。所以行动的原因会一直变化，每个行动都有充分的原因。如果要说什么成就了一个自由的行动，答案是，你想做的正是你所做的，如果你的行动没有被阻碍，你的行动就是自由的。所以他摆脱了意志概念，正因为他摆脱了意志，所以回避了自由意志的问题。

提问：自由不仅仅是许多共和主义者支持的观念，根据您的研究，最好的导师是马基雅维利。您的共和主义自由和伯林的积极自由有什么区别呢？

斯金纳：对我而言，回答这个问题的方法肯定是回到20世纪盎格鲁的传统中，无疑伯林在其中做了最重要的工作。伯林提出了两种对立的自由概念，你可以把它看作一个消极的概念，自由的存在以某物的缺失为特征。或者你可以把它看作一个积极的概念，自由采取某种社会行动的形式。首先，我不认为他清晰阐明了积极自由的观念，他在文章中有过数次尝试，坦率地说，他在概念上依然是混乱的，那部分解释真的没起作用。我发表了一篇文章，提出了第三种自由概念，我试图表明，积极自由的概念是可行的，但并非伯林所提的那样。我认为这个概念可以表达得清晰一致。这是我对伯林划分方式的一个担心。

我的另外一个担心是，我们不应该把积极的自由与那种消极的自由相对立，消极自由被理解为自由的存在以某种缺失为标志，伯林称之为干涉的缺失。如他所说的那样，远离那些妨碍者。这是一种思考消极自由的方式，但并不是唯一的方式。伯林在其著名论文的末尾发现了另一种思考消极自由的方式，他驳斥那种方式并不是谈论自由，没有什么价值。这就是我的讲演题为"霍布斯及其批评者"的原因。霍布斯关于消极自由的观点大体上是伯林式的，因为伯林把霍布斯看作一个很好的例子，霍布斯是消极自由的典型代表。我同意霍布斯是消极自由的例子，但是干涉的概念比伯林所理解的要复杂得多，我将试图阐明干涉可能意味着什么；其次我们可以拥有一个与干涉或不干涉毫不相关的消极自由理论，伯林明确表示那不可能实现。我要做的就是重拾霍布斯的观点证明其可以实现，虽然不应该，但我们可以做到。

提问：霍布斯和同时代的共和派争论的总体背景和内容是怎

样的呢?

斯金纳:17世纪早期(文艺复兴晚期)欧美政治理论的一个重要问题是关于君主制或绝对主义作为政治权力的形态。共和派认为,自由必须是平等的自由,而君主制和绝对主义政府却拥有专断权力,因此这些政府形态是不合法的。由此就会有人试图将君主制作为不合法的政府形态。而霍布斯在英国革命中不是一个保皇党人,恰恰相反,他认为谁在保护你,你就应该服从谁。但是他是君主制的强烈捍卫者。他认为君主制是最好的政府形式,因为他想要的是单一的意志。当然你也可以把所有人的意志凝聚成一个单一的意志,但这体现的原则就是多数主义。霍布斯认为多数主义是一个不那么令人满意的政府形式。所以他的自由理论必须不能推导出君主制或绝对主义是不合法的。这是他的政治理论的深刻动机,由此他致力于提出一种新的自由观。在霍布斯之前所有人对自由的看法就是共和主义的自由观,霍布斯试图论证这种自由观是不可靠的,因为他看到了这个自由观背后隐藏着一个非常激进的暗示:你只有在自我统治的人民共和国中才能获得自由——这是文艺复兴时期的作家比如马基雅维利等人所追求的。霍布斯强烈反对这种观点,这是问题的关键。

提问:您在讲座中对于基督教和霍布斯的关系做了富有启发性的解释,您对图像中的三角形的讨论非常有意思,但我们应该如何对霍布斯政治理论与宗教的关系进行总体性把握和理解呢？

斯金纳：我在讲演中想说的是，在霍布斯的国家理论中重要的一点是，你必须将国家看作是上帝。他告诉你应该如何行动，你应该尊敬它、敬畏它。当然这是你自己的创造，国家仅仅是一个虚拟的人，而不是真正的上帝。尽管它是一个虚拟的人，但它仍然是在不朽的上帝之下和平的捍卫者，你应该把和平与防卫归功于国家的创造。这不是说你要崇拜国家，但它的确意味着你应该对它保持一种敬畏的态度。所以我认为，就像这个三角形告诉你上帝的本质，霍布斯说，它也告诉你这个"有朽的上帝"的本质。我认为我的讲演中这一点是对的，就是这个三角形是现代早期基督教对上帝的想象，因为它内含了三位一体。

所以霍布斯最感兴趣的不是宗教。他很可能是个无神论者，不是吗？他非常小心翼翼（地掩盖了这一点），但他自己似乎没有个人宗教信仰。他非常关心的是天主教会，即这个宗教可见的制度形式，而且他认为这从国家的角度来说是一场灾难。教会有了制度，有了自己的规则，有权力把统治者逐出教会，有权力赦免服从者，这都对国家作为权威的来源构成了挑战。霍布斯说这是一个非常危险的挑战，除非你说服人们相信，如果不服从就会使自己的灵魂受到损害，否则他们就会不服从国家，因为国家只能把你扔到监狱中或者进行诸如此类的惩罚，而教会会说你死后会下地狱。所以霍布斯说，教会不应该拥有任何权力，这一点是非常重要的。所以他想把教会的整个制度结构都置于国家之下。由此就可以有宗教宽容，你可以信仰任何你喜欢的宗教，这无所谓！霍布斯在《利维坦》中说，你可以崇拜任何你想崇拜的东西，只要你不挑战国家。因此只要能维持和平，谁都不会在意你信仰什么。而如果你挑战了国家，国家必须阻止你，这是为了保存自身，也就是为了保护你。所以霍布斯真正讨厌的是天主教会（或者教会这一套制度）。

提问：我的问题是 *imperium* 这一概念在现代国家形成中的作用。波考克在他的著作《野蛮主义与宗教》(*Barbarism and Religion*) 中提到从普遍主义到历史主义的转变。我想知道在您对国家谱系学的研究中，如何处理 *imperium*（既作为帝国的意涵又作为最高治权的意涵）的问题？

斯金纳：非常感谢。你的拉丁语给我留下深刻印象。我想我可以直接回答这个问题，但是需要指出的是，我对你表述的方式有一点不同的看法，因为你把 *imperium* 翻译成了帝国（empire），这种理解主要是因为罗马帝国的影响，而这一理解是非常晚近的事。罗马是横跨欧洲的帝国，所以罗马不仅是一个特定国家罗马的首都，但它也是所有这些国家之上的权力象征。在英语中，我们把它翻译成帝国，但这是一个非常晚的用法。如果我们想到拉丁基督教世界，拉丁语的使用一直持续到18世纪。霍布斯、普芬道夫和格劳修斯,所有这些 16 世纪伟大的自然法思想家仍然在用拉丁文写作。像霍布斯他将《论公民》翻译成英文,他并不惯于用英语撰写政治著作,而是用拉丁文写作,所以《利维坦》最初用英文写成是很奇怪的。那么,在他们那里,*imperium* 是什么意思?那并不是帝国的意思,他们指的是 *summa potestas*,最高权力。问题是我们可以在任何政体中确定最高权力的拥有者吗?*summa potestas* 先被法国的布丹翻译过来,他用法文写作 souveraineté,即拥有最高权力者。然后被翻译成英文 sovereignty,这已经完全不是拉丁语了。拉丁语是 *summa potestas*,即那个拥有最高权力的人。

与这个问题的答案相关的是欧洲神圣罗马帝国的出现,从 10 世纪开始,应该说从 12 世纪开始到 17 世纪末。这个问题有三个答案。最初的答案是由神圣罗马帝国皇帝向博洛尼亚大学法学家们提出的,这是欧洲第一所大学的法学院。现在这个问题被表述为谁拥有最高权力?谁拥有完整的最高权力?首先要注意的是,*imperium* 和 *summa potestas* 是等同的。皇帝问法学家谁拥有最高的权力,回答是只有皇帝拥有最高权力。为何只有皇帝呢?因为在罗马法中,有 *Lex Regia*,即拥有政治权力的人民将权力转让给皇帝,就像霍布斯所说的那样,这是人民转移的权力。所以,只有皇帝拥有全权。但是,阿佐(Azo of Bologna)认为这一理解是不对的,它的错误在于转让这一概念(这一点非常重要,后来马克思重拾并使用了这一概念）不是人民权力的异化，它只是一个授权，一个代表，所以如果你问谁持有最高权力，答案是人民。人民不曾放弃最高权力，他们始终拥有它，只是委托代表去行使它。这是一场发生在中世纪的关于政治权力的伟大辩论。人民拥有最高权力的信念，那就是人民主权，只有人民转让，统治者才能持有它。

第三种答案出现在意大利的自由城市国家，如果依据法律，它们是臣服于皇帝的，但它们实际上并没有服从皇帝。它们是欧洲最富有的城市，如威尼斯、佛罗伦萨、那不勒斯和罗马。这些城市大部分都处在共和国时期，尤其是威尼斯和佛罗伦萨。它们事实上是独立的城市国家，有自己的法庭，自己立法，不用理会皇帝。那么在这些地方，谁拥有最高权力（*summa potestas*）呢？关于此问题有两个答案，一个来自亚里士多德主义者，帕多瓦的马西利乌斯提出是人民主权。但是与之相对的答案是，不是人民拥有权力而是 civitas 拥有最高权力。因为 civitas 沿用了罗马的观念，它是一个虚构的拥有主权的人物。civitas 是代表，是一个虚构的人，但却是权力拥有者。巴图鲁斯（Bartolus of Sassoferrato）的主张是，如果你问谁是最高权力者，既不是人民，也不是主权者，而是 civitas。现在的问题是如何翻译 civitas？霍布斯的答案在《利维坦》的第一段，他写道他是在写关于共和国（commonwealth）的书，在拉丁语里就是 civitas 或者国家（state）。

所以，谁拥有最高权力的第三个答案是国家。这是现代西方政治哲学的整个历史。

提问：作为研究西方政治思想史的中国学生，您认为我们可以在这一领域做出什么样的贡献？我们是否有一些独特的优势？

斯金纳：我认为你们有优势。我一直认为历史学家在研究与自身文化不同的文化时具有优势。如果你身处于某一文化中，你就会接受一些特定的假设，把它们当作是理所当然的，从而难以看清楚这些假设是如何融合在一起的，因为对你来说那是自然而然的。很多敏锐的作家是能够跳出自己的文化并使你发现它的特别之处的——福柯（Michel Foucault）的著作特别能体现这一点。但是如果你来自另一个完全不同的文化，发现别的文化的特别之处就更加容易，包括发现他们认为是理所当然的东西以及他们认为是理所当然的原因。我是在对与自身文化相当遥远（遥远的语言和时代）的文化进行历史研究的过程中领悟到这一点的。所以如果你要研究文艺复兴时期的意大利（我自己花了很多时间研究文艺复兴时期的意大利），很重要的一点是你不在意大利。你应该学习他们的语言，然后从外部理解意大利的文化的特别之处。所以我认为，你们的一个巨大优势就在于，所有对我们来说很自然的东西对你们来说会很陌生，这样你们就会更有兴趣去解释它，而这是一个很大的优势。

政治、历史与现实

提问：我的问题与现实政治有关。我们见证了唐纳德·特朗普当选美国总统等等一系列现象，您对这些现象的看法是什么？您认为这代表了自由主义在全世界范围内的变化吗？

斯金纳：我对于特朗普的担心与我对于自己国家的担心是一样的。西方过去一个时代在政治和经济上的主要特点是全球化，而现在相当多的人反对全球化，在这背后有深刻的历史的力量在起作用。在自由主义经济和全球化结合的背景下，你可以把资本转移到劳动力最便宜的地方。西方由此形成了后工业经济。尽管有些国家的工业经济仍然非常成功，比如作为世界第三（四）大经济体的德国；但是像英国、法国就是后工业经济，美国也是，后工业经济并不需要这么多劳动力，因此导致严重的失业问题。比如法国失业率高达20%。英国的失业率并不算高，但是失业都集中在几个区域。美国的失业率也不高，大概5%，但是统计上有个巨大的缺陷——即不充分就业，很多人有工作但一周只工作两三天，并不能养活自己。我们所见证的英国脱欧、美国特朗普上台，包括接下来的法国总统选举表明，这些人都投票反对全球化，而且人数相当多，他们代表了民意主流，最终让英国脱欧、特朗普上台。

我所担心的是民粹主义。我曾经提到过人民的意志，英国有

"人民的意志已经决定了……"这样的说法。看统计数据,(在投票之前)会投票支持脱欧的合格选民占37%,所以这并不是人民的意志;但实际上投票结果是,51%的人支持脱欧,48%的人反对脱欧。这表明根本没有单一的所谓"人民的意志",而是有两个意志!这也表明我们国家处于政治上严重分裂的状态,美国也是这样。美国的问题表现为,整个经济领域中最有生产力和受过最好教育的部分对于特朗普的政策极度不满。所以我们只能继续观望接下来会发生什么。

而对于美国的民主体制来说,最值得担心的事情是特朗普通过行政力量进行统治,而不是通过国会。特朗普发布了很多严厉的行政命令,其中很重要的一条是禁止某些国家(大多数是穆斯林国家)的人进入美国。这显然是种族歧视,在美国是不合法的,这个行政命令被法院暂停执行。行政权力和司法权力之间的制衡是美国宪法的根本特征,但特朗普试图反抗美国宪制,他认为法院没有权力暂停执行他的行政命令,事实上法院依据的是宪法规定的禁止种族歧视。

对于英国我担心的问题和美国是一样的,政府决定不让议会投票决定是否脱欧(而是举行全民公投),这个决定被我们的最高法院否决了,而独立的司法权力也是我们的宪政的核心。所以在两个国家都可以看到,反全球化的民粹主义正在冲击法治(the rule of law),这是非常令人担心的。

提问：我的问题是关于自由主义和全球化的。对于自由主义来说，它似乎在帮助我们理解时事和回应全球挑战的能力上显示出无力感。自由主义也许会导向多元主义，甚至是相对主义。所以如果我们没有一种确定的意识形态的自我认同，我们怎么与那些正在侵害我们的自由的力量对抗？您之前提到了后工业经济，那么您认为是否存在"后自由主义"（post-liberalism）或诸如此类的说法呢？

斯金纳：我认为是存在的，这是非常好的提法。如你所说，在20世纪的主要意识形态中，在西方占主导的是自由主义的一种。在美国的语境中，它是一种基于人权的学说，为政治奠基的是人权的观念。就像李强教授说的，这实际上根本不是"政治的"理论，仅仅是一种关于权利的道德理论，这是自由主义作为政治哲学在美国的现状，就是一种法律上的平等的自由观念，对国家理论并不是非常感兴趣，它感兴趣的是与它相近的形式——新自由主义（neo-liberal theory），它强调国家要让位于市场。新自由主义特别在美国已经大获全胜，在欧洲也有显著的发展，体现为对二战后德国、法国和英国等国家确立的福利国家、社会主义体制的强烈冲击。新自由主义的政策完全否定了福利国家，因为福利国家要求非常高的税率来维持公共服务。而我认为西欧国家成为福利国家而美国从来没有成为福利国家的原因在于，美国的政客不能说服选民承担福利国家的费用。

新自由主义已经在英国、法国都有了发展，而在美国则一直占主导，特别是在里根（Regan）上台之后。新自由主义强调，公民必须自己照顾自己，国家只是提供基本服务架构。但更根本的是，国家仅仅是安全的保障者，真正在统治的是市场，而这已经被证明是太过了。体现在后工业经济的问题上，后工业经济导致了就业的衰减，使得人们失去了大量的就业机会，因为金融服务只需要很少的劳动力就能产生巨大的财富，而且只雇佣经过专业训练的高科技人才。在美国和英国都是如此，金融业几乎占到了GDP的20%。所以随着后工业经济的发展，福利国家的制度和政策越来越少。

所以我之前提到过的深层次的历史动力现在就成了一个问题。社会开始分裂，人们不愿忍受后工业经济和无福利国家的自由主义所要求他们付出的代价。谁知道之后会发生什么？特朗普已经对重建美国旧工业做出了巨大的承诺，但他不可能成功。他可以重开煤矿，但现在运营煤矿只需要非常少的人，因为很多活都是机器在干，所以这不可能创造就业岗位。他不可能振兴美国的钢铁产业，因为美国的劳动力太贵了，钢铁可以从中国进口，比从欧洲进口便宜很多。美国的传统工业已经彻底衰落了，所有的制造业都在中国。所以我不知道特朗普怎么可能实现他的承诺，但他是主要西方国家领导人中批评新自由主义的。特朗普的选民，就像把英国投出欧盟的选民一样，就是这些觉得没有被现在的高科技后工业经济和以金融为基础的经济代表的人。所以特朗普实际上是逆历史潮流而动,但我不认为他能成功,原因就在于劳动力成本。中国经济的劳动力成本非常低,所以可以出口非常便宜的产品。美国认为中国是在操作汇率,其实不是,中国就是因为劳动力非常便宜,而且有非常高效的工厂。这与伟大的大不列颠帝国过去扮演的角色是一样的——世界工厂。

我对英国和美国所担心的是民粹主义的力量,而他们的愿望又不可能被政府实现,所以我不知道接下来会发生什么,我只觉得情况看起来并不好。

提问:那我们应该担心的是什么呢?是这种已经形成一种历史趋势的对全球化的排斥?还是全球化在发展而我们还没有准备好放弃我们的身份认同?

斯金纳:我认为已经发生的是,精英们设定的新自由主义国家以及金融服务和劳动力的全球化——尽管并不是完全全球化,但是在美国相当多的劳动力来自南美洲和墨西哥,工厂被修建在这些地方因为劳动力便宜。美国和欧洲也把很多电子工业外包给了印度。如果你在英国出版一本书,所有的工序都会在印度完成,而且是完全电子化的。这些工人甚至不懂英语,但他们以电子化的方式做完了全部工作。所以所有生产都被外包出去了,劳动力市场实现了全球化。

现在事实证明是我们走得太快了，没有赶上的那些人就抓住了英国公投和美国总统选举给他们的机会，他们发出了自己的声音：这真的不是我们想要的！我们无法应付！所以一个精英们设定的社会无法被大多数人接受。这是一个非常富裕和成功的社会，在这个意义上也是非常高产的社会，非常擅长降低劳动力成本，但同时也产生了巨大的不平等。像富裕的欧盟就只是重新分配税收来缓解危机。西班牙16—25岁人口的失业率高达50%，一般人没有工作。然后呢？欧盟就只是在提供资金，英国、法国和德国这些大的经济体就只是简单地给点钱。但是这些人仍然没有事做，当他们没有被提供工作机会的时候他们会怎么想？他们会想：这不是我们可以生活的地方。你说的是对的，全球化发展得太快了，现在已经开始瓦解了，这是一个非常危险的信号。

提问：我研究的领域是多元文化主义（multiculturalism），我非常希望能听听您对多元文化主义在欧洲的当下处境。

斯金纳：我很高兴听到你研究文化多元主义，因为我对于我的祖国的焦虑以及我的美国朋友对美国的焦虑，即我讨论过的民粹主义，是极端反文化多元主义的。美国和英国情况不一样，我就谈谈英国的例子。我们举行了一次关于是否应该脱欧的全民公投，但实际上这次公投的议题是关于移民，因此也就与我们社会的文化多元主义问题有关。

自由主义的基本原则之一就是资本、商品、服务、劳动力的自由流动,形成一个单一的、自由的市场。整个欧洲都已经形成了劳动力的自由流动,劳动力会选择进入富裕的福利国家,而欧洲最富裕的福利国家就是英国。所以我们就有了大量的移民涌入,移民主要是年轻人而不是老人,但他们会有小孩,因此对免费的公共教育和医疗系统施加了巨大的压力。事实上移民占人口比例并不高,而且英国很富裕,也能担负得起,但人们就是不想再这样下去了。这是这次公投的实际议题,人们认为这个社会太过于文化多元了。值得担心的是这次公投表现出人们的不宽容。现在英国是一个文化非常多元的社会,但只是在部分地区。如果你去伦敦的乡下,你会看到只有一种人,他们只用一种语言说话。而在伦敦市区,最近的统计显示人们使用的语言超过150种,三分之一的人在家不说英语,英语仅仅是公共语言,有些人根本就不说英语。由此可见伦敦是一个文化极度多元的城市。伦敦也是欧洲最大的城市,因此呈现出很强的文化多元主义。

但我们讨论的是对文化多元主义的拒斥。我认为,很多人担心的是,这种对文化多元主义的拒斥实际上是种族主义。这一点必须被承认。在英国的全民公投、美国的特朗普上台、法国国民阵线的巨大成功以及德国极右翼势力的崛起中,种族主义者都扮演了非常重要的角色,他们想唤起民族主义,驱逐看起来像外国人的人。这对于整个社会的架构是非常危险的。所以今天在政治理论中文化多元主义是一个非常重要的主题。

斯金纳主要著作

1. *The Foundations of Modern Political Thought:* Volume I*: The Renaissance,* Cambridge University Press, 1978.

（已有中文版）

2. *The Foundations of Modern Political Thought:* Volume II: *The Age of Reformation*, Cambridge University Press, 1978.

（已有中文版）

3 (a). *Machiavelli.*, Oxford University Press, 1981.

3 (b). *Machiavelli: A Very Short Introduction* [A revised version of 3 (a)], Oxford University Press, 2000.

（已有中文版）

4. *Reason and Rhetoric in the Philosophy of Hobbes*, Cambridge University Press, 1996.

（已有中文版）

5. *Liberty before Liberalism*, Cambridge University Press, 1998.

（已有中文版）

6. *Visions of Politics:* Volume I: *Regarding Method*, Cambridge

University Press, 2002.

（中文版即出）

7. *Visions of Politics:* Volume II: *Renaissance Virtues*, Cambridge University Press, 2002.

（中文版即出）

8. *Visions of Politics:* Volume III: *Hobbes and Civil Science*, Cambridge University Press, 2002.

（中文版即出）

9. *L'artiste en philosophie politique* Paris, 2003.

10. *Hobbes and Republican Liberty*, Cambridge University Press, 2008.

（已有中文版）

11. *La verité et l'historien,* ed. Christopher Hamel, Paris, 2011.

12. *Die drei Körper des Staates*, Wallstein, Göttingen, 2012.

13. *Forensic Shakespeare*, Oxford University Press, 2014.

14. *From Humanism to Hobbes: Studies in Rhetoric and Politics*, Cambridge University Press, 2018.

出版后记

秉承"思想自由、兼容并包"的传统,本着"繁荣学术、培养人才"的宗旨,北京大学于2012年设立"大学堂"顶尖学者讲学计划,希望在全球范围内邀请各领域的学术大师来校举办讲座、开设课程、合作研究等,以推动科学研究、人才培养的全面创新和发展。光华教育基金会向北大捐赠专项资金,资助和支持"大学堂"顶尖学者讲学计划。北京大学国际合作部负责计划的具体实施,接受提名和推荐,并组建学术委员会予以遴选和讨论,最终确定入选学者。

按照项目设计,受邀学者通过系列讲座这一主要形式,并辅以座谈会、研讨会、工作坊等其他学术交流活动,与来自北京大学内外的优秀中国学者展开交流。在运行与实施过程中,学校各院系踊跃申报,师生们积极参与,从各方面给予大力支持,共同支撑起这一北大的高端学术交流品牌。2016年北京大学人文社会科学研究院成立后,从学者推荐、学术组织、行政服务与支持方面,全力支持"大学堂"计划,极大地便利了学术对话活动的开展。

"大学堂顶尖学者丛书"依托"大学堂"计划受邀学者的讲座

内容，立体地展现他们在北大的思想交锋过程。该丛书的编辑出版工作，得到光华教育基金会的资助。作为光华教育基金会董事长，尹衍梁先生多年来关心和支持北大建设，包括"大学堂"计划在内的诸多教育事业从中受惠良多。在丛书推出之际，谨此表达对上述人士或单位的诚挚感谢。

北京大学国际合作部（北京大学港澳台办公室）
2017 年 7 月